REFAZENDA

SERVIÇO SOCIAL DO COMÉRCIO
Administração Regional no Estado de São Paulo

Presidente do Conselho Regional
Abram Szajman
Diretor Regional
Luiz Deoclécio Massaro Galina

Conselho Editorial
Áurea Leszczynski Vieira Gonçalves
Rosana Paulo da Cunha
Marta Raquel Colabone
Jackson Andrade de Matos

Edições Sesc São Paulo
Gerente Iã Paulo Ribeiro
Gerente Adjunto Francis Manzoni
Editorial Jefferson Alves de Lima
Assistente: Rafael Fernandes Cação
Produção Gráfica Fabio Pinotti
Assistente: Ricardo Kawazu

REFAZENDA

**O interior floresce na abertura
da fase "Re" de Gilberto Gil**

Chris Fuscaldo

Lauro Lisboa Garcia (org.)

© Chris Fuscaldo, 2023
© Edições Sesc São Paulo, 2023
Todos os direitos reservados

Preparação
Tulio Kawata

Revisão
Sílvia Balderama Nara, Richard Sanches

Capa e identidade visual
Érico Peretta

Projeto gráfico e diagramação
fkeditorial

Dados Internacionais de Catalogação na Publicação (CIP)

F993r   Fuscaldo, Chris

Refazenda: o interior floresce na abertura da fase "Re" de Gilberto Gil / Chris Fuscaldo. – São Paulo: Edições Sesc São Paulo, 2023. –

176 p. – (Discos da Música Brasileira).

Bibliografia
ISBN: 978-85-9493-244-0

1. Música brasileira. 2. Discos da música brasileira. 3. Refazenda. 4. Gilberto Gil. 5. Música Popular Brasileira. I. Título. II. Fuscaldo, Christina III. Garcia, Lauro Lisboa. IV. Discos da Música Brasileira.

CDD 780.981

Ficha catalográfica elaborada por Maria Delcina Feitosa CRB/8-6187

Edições Sesc São Paulo
Rua Serra da Bocaina, 570 – 11º andar
03174-000 – São Paulo SP Brasil
Tel. 55 11 2607-9400
edicoes@sescsp.org.br
sescsp.org.br/edicoes
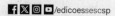 /edicoessescsp

Você escutou as coisas
Que esse cara canta pra todo mundo
E ele tocou pro rei, pra dama, pro vagabundo
E fugiu Berto
Bem perto de Gilberto

Rita Lee em "Giló"

SUMÁRIO

APRESENTAÇÃO
Danilo Santos de Miranda 8

PREFÁCIO
Lauro Lisboa Garcia 12

INTRODUÇÃO 20

_1 REFORMA A DITADURA, AS SUBVERSÕES E A MPB 40

_2 RETORNO OS ANOS 1970, O EXÍLIO E A VOLTA PARA CASA 52

_3 REENCONTRO UM NOVO OLHAR SOBRE A BAHIA E AS INFLUÊNCIAS 66

_4 RESTAURAÇÃO MEDITAÇÃO E SEXUALIDADE 82

_5 RECONSTITUIÇÃO A MÚSICA E OS DISCOS NOS ANOS 1970 98

_6 RENOVAÇÃO O PROJETO DA TRILOGIA 118

_7 *REFAZENDA* O DISCO FAIXA A FAIXA 136

_8 REVISITA E O QUE VEIO DEPOIS 160

FICHA TÉCNICA DO DISCO 170

BIBLIOGRAFIA 173

SOBRE A AUTORA 175

Apresentação

Como expressão artística e forma de conhecimento, a música oferece campo fecundo à observação do homem, seu tempo e imaginário. Vasto território de experiências, que vão dos cantos dos povos nativos às composições sacras e de concerto, à modinha, ao lundu, ao maxixe e ao choro, passando pelo samba, a bossa nova, o baião e o xote até o pop, o rock e a eletrônica, a criação musical se mostra como manifestação cultural das mais férteis, presentes e marcantes da vida no Brasil.

Amparado em histórias, heranças e universos simbólicos de diferentes povos que aqui se encontraram, o gosto pela música se refletiu no interesse com que a vida moderna e urbana do país recebeu invenções como o disco e o rádio. Era a época em que cantores, cantoras e instrumentistas de todos os estilos passavam ao posto de ídolos populares e jovens compositores criavam canções e marchinhas que atravessariam os tempos.

Esse curso da criação musical é o que orienta a presente coleção Discos da Música Brasileira. A série, organizada pelo jornalista e crítico Lauro Lisboa Garcia, apresenta em cada volume a história de um álbum que marcou a produção nacional, seja pela estética, por questões sociais e políticas, pela influência sobre o comportamento do público, seja como representante de novidades no cenário artístico e em seu alcance comercial.

Neste volume, o álbum visitado é *Refazenda*, de Gilberto Gil. No livro, a jornalista fluminense Chris Fuscaldo entrevista, além do próprio Gil, músicos e produtores para recontar a história e os bastidores do disco que inaugurou a trilogia "Re" (seguido pelos álbuns *Refavela* e *Realce*) e transformou a carreira deste que é um dos maiores artistas brasileiros.

Pautando-se por uma linguagem clara e direta, a coleção Discos da Música Brasileira se desenvolve a partir de uma perspectiva que contempla a valorização da memória musical na mesma medida em que busca observar os ecos e as reverberações daquelas criações na produção atual.

Danilo Santos de Miranda
Diretor do Sesc São Paulo (1984 a outubro de 2023)
Texto escrito em setembro de 2022

Prefácio

A musa música de Gilberto Gil se ramifica frondosa por diversos álbuns coroados clássicos, entre eles os que formam aquela que ficou conhecida como a "trilogia Re" – *Refazenda, Refavela, Realce* –, com um quarto capítulo no meio deles: *Refestança*, álbum ao vivo dividido com Rita Lee. Ímpares como os anos em que foram lançados (1975, 1977 e 1979), são manifestos temáticos, de reinvenção, de reavaliação, de recuo do grande balão para avançar por outros ares na carreira do piloto do *Expresso 2222*, depois que "o sonho acabou".

Difícil é escolher apenas um título dele para contemplar nesta coleção que jogou mais luz sobre *Da lama ao caos* (Chico Science & Nação Zumbi), *Acabou chorare* (Novos Baianos), *África Brasil* (Jorge Ben) e *O canto da cidade* (Daniela Mercury). *Refazenda* representa o início de uma nova e fértil etapa da personalidade e da musicalidade de Gil – um manifesto ecológico, de "ecologia humana", como ele mesmo disse, com arranjos arrojados, achados harmônicos e um bocado de suas mais belas canções, algumas recicladas de gravações não lançadas na época.

Refazenda foi o primeiro reencontro de Gil (com "cuidado e responsabilidade", nas palavras dele) com uma das essências de sua identidade nordestina sertaneja da Bahia, da raiz fincada no barro do chão do mestre pernambucano Luiz Gonzaga. Era ele quem o baiano junino carregava na memória como a maior referência do campo grande da brasilidade, com gotas de nostalgia durante o exílio em Londres, quando "a alegria estava então tão longe" desse vasto e profundo sertão.

Daí que, na volta à terra natal, ao sabor de todas as frutas de sua nova estação pessoal, combinando interesses por macrobiótica, meditação, filosofias, costumes orientais e religiosidade, Gil virou os olhos para as forças de sua própria natureza musical com afetos ilimitados, reflexões espirituais, reciclagem de simplicidades, ciência e arte popular, santos remédios de agricultura contra o mau humor. E, nos recantos de seu território para o replantio, esse navegador reencontrou em Dominguinhos (outro discípulo notório de Luiz Gonzaga) o parceiro-xodó tanto na sanfona (instrumento comum aos três, anterior ao violão de Gil) quanto no lirismo caboclo.

Seu recolhimento é como o da rede de um pescador do Sol imprescindível, que se conecta "dentro de si mesmo, mesmo que lá fora" a uma infinidade de reinterpretações poético-sonoras lançadas desde os tempos tropicalistas, com suas bases de influência sempre presentes: além de Gonzaga, Dorival Caymmi, João Gilberto, Jorge Ben, rock, funk e sementes de reggae. O "mundo rural e nordestino se aproximando suavemente" do universo pop e tecnológico, como ele mesmo atestou.

No ambiente musical urbano em que *Refazenda* se destacou, a questão ecológica ainda brotava por estacas esporádicas em letras de canções plantadas nas ondas radiofônicas. Era assunto de traço afetivo mais comum ao cancioneiro caipira e regional. Em 1972, Elis Regina – que se tornaria uma das maiores intérpretes de Gil naquela década – incluiu em seu disco homônimo duas canções de temática voltada à natureza que se tornaram referências: "Águas de março" (de Tom Jobim, notório defensor da fauna e da flora) e "Casa no campo" (Zé Rodrix/Tavito).

No mesmo ano de *Refazenda*, Ney Matogrosso, no primeiro álbum solo, exibiria seu lado "campestre", tanto na arte visual do LP quanto em canções como "Pedra de rio" (Luli/Lucinha/Paulo César), "Homem de Neanderthal" (Luiz Carlos Sá) e "América do Sul" (Paulo Machado). Também em 1975, um dos destaques do álbum de Paulinho da Viola (intitulado com seu nome) foi o samba-enredo "Amor à natureza", de sua autoria, outro flagrante ecológico contundente.

Ainda no mesmo ano – que começou com o lançamento do antológico encontro de *Gil & Jorge: Ogum Xangô* (em que os mestres dividiram violões e longos improvisos) e foi marcado por outro clássico, *Fruto proibido*, de Rita Lee & Tutti Frutti –, o delicado álbum *Meu primeiro amor*, que Nara Leão dedicou aos pais, reunia diversas canções de matéria orgânica interiorana, com saudade de casa, rancho na beira do rio, pé de alecrim, roseira, coqueiro, sabiá, andorinha. Sucessos nacionais como "Além do horizonte" (Roberto Carlos/Erasmo Carlos), "Moro onde não mora ninguém" (Agepê/Canário) e "Na sombra de uma árvore" (Hyldon), do álbum *Na rua, na chuva, na fazenda*, eram outros convites para escapar da poluição urbana.

Seguindo a trilha de quando formava trio com Zé Rodrix, a dupla Sá & Guarabyra caiu na estrada no segundo álbum, *Cadernos de viagem* – outra pepita de 1975, com produção e arranjos do tropicalista Rogério Duprat –, com histórias reais e retratos imaginários do que se preservava e transitava pelo sertão do São Francisco, com ares de jazz e rock rural.

Enfim, a rede na varanda em que Gil deitou estava estendida e se expandiu. Da terra de Ney Matogrosso migraria Tetê Espíndola, inicialmente com o grupo Lírio Selvagem, ao lado dos irmãos, e depois em carreira solo, cujo primeiro álbum (o raro e belo *Piraretã*, de 1980) inclui uma reinterpretação de "Refazenda", em meio a outras árvores, águas, amores e pássaros da terra no cio.

Naquele período de censura e perseguição pela ditadura militar, em que qualquer discurso provocativo interpretado como "ameaça" ao sistema era interditado, o manifesto de Gil foi também um ato político. E teve muitos correspondentes. Medindo forças em profusão e até mais intensa do que a repressão, a música brasileira, em sua imensa diversidade, esmurrava a ponta da tesoura retrógrada com avalanches de inovações sonoras, desbundes, dribles poéticos e novos expoentes num período de criação até mais libertária do que a dos anos 1960.

Na primeira metade da década de 1970, a geração emergente pós-tropicalista viu surgir o rock rural de Sá, Rodrix & Guarabyra, o fenômeno poético-performático e meteórico dos Secos & Molhados, as fusões e transfusões de células de rock, soul, blues e jazz para novas linguagens entre ritmos brasileiros também por Tim Maia, Hyldon, Cassiano, Raul Seixas, Fagner, Belchior, Ednardo, Novos Baianos, os inclassificáveis Jards Macalé, Sérgio Sampaio, João Bosco, Walter Franco, Jorge Mautner, Elomar, as "pedradas" instrumentais de Hermeto Pascoal, Egberto Gismonti, Eumir Deodato, Naná

Vasconcelos, as bandeiras políticas de Ivan Lins e Gonzaguinha, entre outros.

Foi também uma fase de farta produção de discos antológicos, entre revelações, como Guilherme Arantes, Alcione e Emílio Santiago, consagrações tardias de ícones do samba, como Clementina de Jesus, Cartola e Nelson Cavaquinho, e grandes nomes projetados na "era dos festivais" e dos tropicalistas no auge, como Chico Buarque, Caetano Veloso, Gal Costa, Maria Bethânia, Milton Nascimento, Tom Zé, Edu Lobo, Clara Nunes, Taiguara, Beth Carvalho, Martinho da Vila, além de outros citados anteriormente e do próprio Gil, que teve entre eles grandes intérpretes e alguns parceiros.

Dominguinhos foi um desses, que se firmou no novo cenário da chamada MPB ao tocar no disco *Índia*, de Gal Costa, e acompanhá-la na turnê, no mesmo ano de 1973 em que proporcionou a Gil um de seus grandes sucessos do período, "Só quero um xodó", parceria do pernambucano com Anastácia.

A gravadora Som Livre, criada em 1969 para lançar exclusivamente trilhas sonoras das novelas da TV Globo – com vários discos históricos de duplas como Vinicius de Moraes e Toquinho, Baden Powell e Paulo César Pinheiro, Antonio Carlos e Jocafi, Roberto Carlos e Erasmo Carlos, Marcos Valle e Paulo Sérgio Valle –, logo passou a abrigar talentos ascendentes, como Alceu Valença, Djavan, Geraldo Azevedo, Luiz Melodia e Moraes Moreira. Até promoveu o Festival Abertura, em 1975, com vários desses criadores que estavam fora dos padrões radiofônicos.

Um dos clássicos da gravadora é a trilha sonora do seriado rural infantil *Sítio do Picapau Amarelo*, de 1977. Dois anos depois de *Refazenda*, Gil voltaria a pisar o mesmo chão em outro de seus maiores êxitos, o tema de abertura do seriado, até hoje uma das prediletas de seus admiradores.

Chris Fuscaldo, que já mergulhou nas searas discobiográficas dos Mutantes e da Legião Urbana, amarrou agora seu arado aos torrões estelares do sítio de Gil, com reverência e relevância. Seu relato traz entrevistas com ele e "falas de outros tempos" para recontar a história de um dos discos mais representativos da música brasileira dos anos 1970, com canções que vão se refazendo sem perder o viço, na memória e nas vozes de outros intérpretes, mesmo sem tocar no rádio.

Lauro Lisboa Garcia

Introdução

Em oitenta anos de vida, mais de sessenta frequentando estúdios, Gilberto Gil acumulou, em discos, quase o mesmo número de velinhas que soprou em 2022. Mais de vinte deles de canções inéditas. Praticamente todos – entre as exceções, estão as trilhas sonoras que fez por convite ou encomenda – são cheios das vivências extremamente diversas que o cantor, compositor e violonista baiano também acumula. Em suas palavras:

> Eu tive que transitar do campo estrito da música, da canção popular, para o campo da cultura mais ampla, que é uma coisa que foi herdada da minha própria vida estudantil. Fui secretário acadêmico da Escola de Administração quando estudei na Bahia. Já militava ali. Isso foi se esparramando junto com minha atividade musical. Minha música foi me levando

> para vários campos, foi me proporcionando contato com vários grupos.[1]

Gil não passa um dia sem produzir algo: seja letra, seja melodia, seja discurso, seja alegria em *lives*, vídeos divulgados em suas redes sociais ou encontros de família. Seu vasto repertório de dados e informações, exposto em falas e canções, é consequência do acúmulo de leituras, conversas, trocas de todo tipo. E o trânsito entre a aspiração e a experiência política e o aprimoramento constante da aptidão com a maior das matérias-primas com que trabalha, a música, enriquecem desde sempre, e sempre mais, a sua bagagem.

> Eu me lembro de quando voltei do exílio e fiz o primeiro circuito que se chamou "circuito universitário", por cidades do interior de São Paulo, indo a colégios, universidades, grupos culturais. E isso depois foi se reproduzindo e se repetindo em vários outros momentos. Fui me tornando um agente cultural no sentido amplo, para além do estrito campo musical. Eu me tornei um homem de agenciamentos variados da cultura popular, mas sempre com tudo a reboque da música.[2]

E nada foi por acaso. Alguém mais pragmático diria que quase tudo foi programado. Alguém mais místico acreditaria que o poder da mente caoticamente acelerada é o que atrai essa energia do fazer tanto o tempo todo. Adepto de uma religiosidade mais para sincrética – ou, quem sabe, uma espiritualidade que ele alimenta constantemente –, mas formado pela escola da Administração, ou seja, uma escola da matemática e da organização, Gilberto Gil

---

[1] Entrevista realizada em abril de 2020.
[2] *Idem.*

pensa, mas deixa as portas da percepção abertas. Em resumo, pragmatismo e flexibilização se misturam em Gilberto Gil desde sua prisão pela ditadura militar, em dezembro de 1968, momento em que ele foi levado a pensar, repensar, começar novas buscas.

Em 1976, em conversa com Nelson Motta para uma matéria publicada no jornal *O Globo*, Gil atribui à disciplina sua transformação:

> Tem um sentido punitivo: você pune o passado, você pune o antigo, para abrir espaço para o novo ser. É como queimar gordura, é como a ginástica. Você põe para fora o excesso, o morto, o fossilizado e abre espaço para a substância mais nova, mais etérea, mais pura... mais forte... mais "de agora"... você fica mais harmonizado com a natureza e com as pessoas... você aprende mais a viver o "aqui e agora". Você fica mais tolerante com as diferenças de caráter, com as fraquezas, com a maldade, você aprende a perdoar, é crístico, é tudo igual ao que Cristo falava. Na verdade, tudo é muito cristão; foi a minha forma de realizar aquele sentimento cristão da infância, da igreja, da religiosidade de Ituaçu... a música do céu e a música da terra...[3]

A mudança interna se refletiu primeiro na alimentação, que ficou mais leve enquanto ele se via ali encarcerado. Entre esse momento e a volta do exílio, em 1972, filosofias e religiões também invadiram seus pensamentos e experiências, permitindo-lhe relativizar mais a vida. Gil passou a se permitir mais. E seus projetos estão sempre abertos às referências que vai captando e misturando em seu liquidificador interno. Enquanto projeta, deixa que os pensamentos o levem para todo tipo de lugar. E aceita o que

---

[3] Nelson Motta, "Vidas, paixões e glórias de Gilberto Gil – 3º movimento: o sonho e o sábio", *O Globo*, 20 set. 1976, Cultura, p. 35.

vem, buscando, ainda assim, conduzir para que o que planejou não se vá sem deixar o que tem de mais precioso. Foi assim com a tropicália, foi assim também com muitos dos seus álbuns, shows e turnês. Foi assim, por exemplo, com *Refazenda*, disco que marca uma divisão na história discográfica de Gil.

Existe um antes e um depois do *Refazenda*. Sobre o antes, ele diz, hoje em dia:

> Ao longo de minha carreira, houve muitas formas diferentes de associação com produtores. Nos primeiros momentos, a minha relação era mais resguardada. Eu trazia o meu material, as canções, o violão, a maneira de interpretação básica, as adesões aos estilos musicais, ao samba, ao baião – essas coisas todas que foram elementos fundamentais na minha formação – e os produtores tratavam daquilo. Eles escolhiam o repertório comigo, mas se apropriavam um pouco dessa coisa de como ia ser o som, e previam como ia ser a sonoridade do disco. Já foi diferente em uma fase posterior ao exílio, quando eu vim de Londres já dominando um pouco mais a guitarra elétrica base. Aí o [Roberto] Menescal foi o primeiro produtor a trabalhar comigo, no disco *Expresso 2222*. Ele é um músico e compositor importante, com uma participação fundamental na bossa nova. Então, ele trouxe muitas contribuições para aquele disco. Mas, ali, eu já ensaiei uma nova autonomia. *Expresso 2222* já reflete um pouco mais a coisa do *band leader* que eu ia me tornando, e cuja dimensão foi sendo repassada para os discos seguintes.[4]

Refazenda foi o álbum de inéditas seguinte. Gil trabalhou em outros projetos, mas, disco com conceituação e dedicação especial, esse foi o primeiro

---

4 Entrevista realizada em abril de 2020.

daquela que ficaria famosa como "trilogia 'Re'". Sobre o depois, Gil, citando os discos de músicas inéditas, define exatamente o que se vê até os dias atuais em seu dia a dia musical:

> Dali em diante foi assim: todos os discos que vieram depois, o *Refazenda*, o *Refavela*, o *Realce* e toda a fase de discos produzidos com o auxílio do [ex-baixista dos Mutantes e, a partir dos anos 1980, sócio de Gil no estúdio Nas Nuvens] Liminha, minha música já era mais nitidamente uma música de um grupo musical, de uma banda sob minha liderança.[5]

"Com o auxílio de": é dessa forma que Gilberto Gil passa a contar com seus parceiros e, com isso, liberta-se da obrigação de se submeter ao que era imposto à maioria dos artistas que queriam manter uma boa relação com suas gravadoras. Muitos acabaram fora delas por não saber como colocar esse tipo de exigência e conduzir uma negociação. Mas Gil era administrador, e sabia administrar. A busca de Gil pelo afastamento das armadilhas do ego refletia-se também nas mudanças que ele resolvia fazer entre um projeto e outro que administrava.

Além do exercício contra o ego – que ele começou a fazer na temporada que passou na Bahia entre sua prisão, em 1968, e o exílio, em 1969 –, na volta da Inglaterra, mais do que nunca, Gil se deu tempo para conhecer melhor o candomblé e a eubiose. E, já em sua Salvador, após quase três anos morando na Europa, descobriu que conseguiria manter o ritmo de alimentação macrobiótica que tinha aprimorado fora do Brasil. O antes e o depois do exílio, o feito do *Refazenda* – de ter sido o primeiro trabalho a de fato lhe dar autonomia – e a própria experiência com esse primeiro álbum da trilogia

---
5 *Idem*.

"Re" de discos inéditos transformaram a vida e a obra do artista.

Curioso é que tal comportamento gerou uma cobrança externa, e a amálgama que seus anseios culturais e políticos haviam gerado, de certa forma, incomodou os mais obtusos. Enquanto Gilberto Gil tentava ser menos aguerrido, instigavam-no a explicar por que ele estava menos político. Logo após lançar o segundo álbum da trilogia, *Refavela*, ele declarou à jornalista Ana Maria Bahiana para *O Globo*:

> Isso já vem nesses últimos anos, desde que eu voltei da Inglaterra, com insinuações mais ou menos evidentes e frequentes de que eu estaria alienado, de que teria abdicado de uma posição de combate e não sei o quê. Na época do *Refazenda* já teve isso, e mesmo antes, na época do *Expresso 2222* [...] e vem já como um reflexo do tropicalismo, que foi assim o momento de grande desconfiança conosco, comigo principalmente. Essas coisas são ecos daquela época. Na verdade, coisas como as que aconteceram no [Colégio] Equipe há um mês e pouco, em São Paulo, pareciam repetições daquelas coisas do Tuca em 1968.[6]

Em uma apresentação no Colégio Equipe, Gil evitou falar de política e foi chamado de nazista. Fora do circuito universitário, curiosamente, sua nova fase "Re" vinha colocando o músico em outro patamar. Dos críticos, só vinham elogios. Dos fãs, cada vez mais a certeza de que Gilberto Gil era um dos maiores artistas do Brasil. Mais do que nunca, Gil passa a fazer discos com dimensão existencial.

Até 1975, Gilberto Gil havia lançado cinco álbuns autorais: *Louvação* (1967), inspirado em João

---

6 Ana Maria Bahiana, "Gilberto Gil", *O Globo*, 10 jul. 1977, p. 3.

Gilberto; *Gilberto Gil* (1968), misturando Beatles com música popular brasileira; *Gilberto Gil* (1969), feito às pressas, antes do embarque para o exílio; *Gilberto Gil* (1971), gravado em Londres, todo em inglês, eternizando um retrato daquele momento; e *Expresso 2222* (1972), buscando a tão falada autonomia. Discos coletivos e ao vivo também permearam a carreira de Gil: os álbuns *Tropicália ou Panis et Circencis* (1968), *Barra 69* (1972), *Temporada de verão: ao vivo na Bahia* (1974), *Gilberto Gil: ao vivo* (1974) e *Gil & Jorge: Ogum Xangô* (1975) foram os títulos lançados antes de *Refazenda*.

Vale registrar também que, antes da estreia em LP, ainda na Bahia, Gil lançou alguns compactos – simples e duplos – e, em 1962, alguns no formato 78 rpm. Em 1963, houve o lançamento do que pode ser considerado seu primeiro disco solo: um EP com quatro músicas chamado *Sua música e sua interpretação*. Depois, em São Paulo, gravou dois compactos, um em 1965 e um em 1967.

RE

Entre 1975 e 1979, ele entrou na fase "Re". E vieram *Refazenda* (1975), *Refavela* (1977) e *Realce* (1979). A trilogia ganhou um quarto disco, o ao vivo *Refestança*, em 1977, que na verdade foi o terceiro, pois saiu logo depois do segundo de Gil, fazendo com que *Realce* catapultasse uma "quadrilogia". Registrado em uma turnê a dois realizada depois de Gil e Rita Lee serem presos, em 1976, por porte de maconha, eles juntaram suas bandas – a Refavela de Gil e o Tutti Frutti de Rita – e arrombaram a festa nos palcos e no disco.

O projeto não foi exatamente planejado. Como vinha fazendo desde que aprendeu a coordenar razão e emoção, Gil gostava do sentido que o prefixo carregava, mas não se sentia obrigado a se prender a nada. Não ficou nenhum caderno de antes de 1975 com o projeto rabiscado. Não há um depoimento da época do lançamento do *Refazenda* em que Gilberto Gil já anunciasse os dois próximos discos da trilogia. A logomarca "Re" criada por Rogério Duarte e usada na contracapa do *Refazenda* não está em nenhum dos outros discos. E Gil também não costuma afirmar que se tratava de um projeto fechado e determinado desde quando o primeiro álbum começou a se desenhar. Pelo contrário! Olhando para trás, ele afirma que o sentido do verbo "revisitar" foi que o perseguiu depois de *Refazenda*, quando começou a planejar o próximo álbum:

> [A trilogia "Re"] foi uma ideia que veio depois. Quando eu fiz o *Refazenda*, me dedicando aos aspectos da renovação, da reconstituição de um universo etc., aquilo tudo me inspirou nesse sentido de revisita a certos recantos do meu território. Quando eu tive que pensar num movimento seguinte ao *Refazenda*, aí então esse sentido de revolvimento do terreno me veio à mente. Daí a ideia de revisitar o mundo negro [em *Refavela*]. A viagem à Nigéria foi extraordinariamente inspiradora, convidativa nesse sentido... E, lá, mais adiante, também teve o *Realce*, com o *Refestança* no meio, meu disco com a Rita... Todo esse mundo "Re" foi forjado ali no *Refazenda*.[7]

Lançado em 1977, *Refavela* foi totalmente inspirado pela nova visão que Gilberto Gil passou a ter após passar um mês na Nigéria. A viagem ao país africano para participar do II Festival Mundial de Arte e Cultura Negra (Festac) fez o brasileiro conhecer melhor a arte afrodescendente e debater a

---

[7] Depoimento dado ao jornalista Renato Vieira em março de 2022.

diáspora negra. O funk norte-americano e o reggae jamaicano também influenciaram as composições de *Refavela*, bem como os blocos carnavalescos baianos Ilê Aiyê e Filhos de Gandhy, que propunham o resgate das influências africanas para o Carnaval de Salvador. No entanto, naquele período posterior aos "anos de chumbo" (1968-74) e anterior ao ano da publicação da Lei da Anistia (1979), em que a Censura ainda pegava muito no pé da música brasileira, celebrar a cultura negra era a forma que o brasileiro tinha de tentar combater o racismo.

No Brasil, não houve um sistema oficial de segregação racial. No entanto, o racismo causa uma espécie de segregação social desde o fim da escravidão. A luta do movimento negro aqui foi inspirada por personalidades como Zumbi e Dandara dos Palmares, lideranças no maior quilombo já registrado em nossa história. Influenciados pelo *black power* americano, na virada da década de 1960 para a de 1970, alguns negros brasileiros aderiram à moda, assumiram o discurso – com o Brasil sob ditadura militar – e adotaram a black music.

Em *Refavela*, Gil encarou como seu papel celebrar sua herança afrodescendente e tudo o que ela lhe trouxe, como a religião, os instrumentos e sonoridades que conheceu na África e, naturalmente, as reflexões. Ainda carregando o objetivo de tornar sua música universal, como propunha o movimento tropicalista, até a viagem à Nigéria, suas composições eram diferentes das gravadas por artistas como Dom Salvador e seu grupo Abolição (o pianista carioca, em seu primeiro disco, de 1969, posou com o punho cerrado *a la* Panteras Negras e, no ano seguinte, deu o nome a seu grupo para dizer a que veio), Wilson Simonal (que em 1967 se mobilizou na canção "Tributo a Martin Luther King") e Noriel Vilela (que fundiu samba rock à religiosidade de matriz afro na década de 1960), entre outros. Mesmo depois de mergulhar no continente de origem de parte de sua família, mediu bem suas palavras para evitar novos conflitos com militares brasileiros.

A tensão ainda era grande na virada dos anos 1960. Em 1971, Toni Tornado saiu preso do palco do Maracanãzinho após entrar durante a apresentação de Elis Regina de "Black Is Beautiful" e levantar os punhos cerrados como faziam os Panteras Negras. Dom Salvador, que naquela capa apoiou os punhos cerrados em uma mesa para não chamar a atenção da Censura, em 1972, cansou de se esquivar de policiais nas ruas, nos estúdios e nos palcos e se mudou para os Estados Unidos, onde vive até hoje.

Em 1974, Wilson Simonal foi preso pelo crime de extorsão, e sua carreira – que, quando bem-sucedida, incomodava muita gente – foi ladeira abaixo, terminando com ele acusado de colaborar com a ditadura e amargando o ostracismo. Em 1975, Noriel Vilela morreu vítima de leucemia. Cresceram nessa época Jorge Ben e Jair Rodrigues, que também celebravam a herança afro mais do que combatiam essa violência, algo que voltou a pautar mais a música no fim daquela década de 1970. No documentário *Tempo Rei*[8], Gil confirma ter sido em Jorge Ben que ele identificou um posicionamento:

> Quando eu vi Jorge, esse lado da coisa negra, do indivíduo negro no Brasil, me tomou de assalto por causa da música, da coisa dele, do jeito que ele trazia os temas todos tirados do jongo, o linguajar negro, a posição que ele tinha no Rio de Janeiro. Um conjunto de impressões sem dúvida me ajudou muito nessa tomada [de consciência].

---

8   Dirigido por Andrucha Waddington, Breno Silveira e Lula Buarque de Hollanda e lançado em 1996.

Nessa cena, ele conversa com Caetano Veloso, que ressalva que Gil conseguiu algo que Ben não logrou: desencadeou uma conscientização que deu aos negros da Bahia algo que os do Rio de Janeiro até hoje não têm.

Uma grande conquista para o movimento negro no Brasil foi, em 1978, o estabelecimento de 20 de novembro, dia do assassinato de Zumbi dos Palmares, como o Dia Nacional da Consciência Negra. Ao longo dos anos, a black music foi ganhando características próprias e se ramificando, abrindo espaço para expoentes do soul e do funk em um primeiro momento e, gerações depois, do rap. Na década de 1970, com o empurrão do radialista Big Boy e das Equipes de Som, que comandavam bailes black no subúrbio carioca, surgiram nomes como Os Diagonais – grupo do qual sairia Cassiano –, Tim Maia, Gerson King Combo, Toni Tornado, Hyldon, Banda Black Rio, Lady Zu. Esses, sim, puderam desfrutar da onda dançante que a influência norte-americana vinha trazendo e que a indústria discográfica soube aproveitar.

Gil também aproveitou esse embalo e, já embebido de todas as referências que absorveu com *Refazenda* e, depois, com *Refavela*, foi para os Estados Unidos para beber na fonte e trazer ao mundo *Realce*. Sua ida àquele país, em 1979, para gravar o álbum *Nightingale*, com produção de Sérgio Mendes e versões de músicas suas, confirmou sua percepção do potencial da onda da disco music que já dava pinta por lá. Inspirado por esse momento dançante, Gil trouxe para *Realce* instrumentistas brasileiros e estrangeiros, com o objetivo de obter uma sonoridade que misturasse a brasileira e a americana. Recém-apaixonado por Flora Nair Giordano – que viria a ser sua quarta esposa –, Gil dedicou uma faixa às mulheres: "Superhomem – a canção" é uma música bastante feminista para a época.

A falta de apoio para a logística marcou o fim da curta turnê de *Refavela* e também do contrato de Gilberto Gil com a gravadora Philips. O desejo de ter um ônibus confortável para acomodar toda a sua equipe não foi atendido pela companhia e o cantor teve que custear toda a excursão. Esse era um drama que carregava desde a turnê de *Refazenda*, quando precisou viajar em um Chevrolet Veraneio, carro em que cabiam nove pessoas, com um dos músicos ao volante.

Com o desentendimento, o cantor migrou para a Warner Music – comandada por André Midani, "diretor" de Gil anteriormente na Philips –, que ressarciu o investimento. A turnê de *Realce*, o terceiro disco de estúdio da fase "Re", contou com apresentações em trinta cidades, com Gil não deixando de lado sua face religiosa: foi durante esse giro que o artista apresentou a música "Se eu quiser falar com Deus", gravada em seu disco seguinte, *Luar (A gente precisa ver o luar)*, de 1981.

O repertório de *Realce*, de uma forma pouco explícita, também traz Gil naquela sua busca interior iniciada – musicalmente – em *Refazenda*. No entanto, em 1979, além de estar levando mais a sério a meditação, ele estava "interessado em possíveis traduções da filosofia oriental para o idioma da canção", como diz no livro *Gilberto Gil: todas as letras*[9], organizado por Carlos Rennó. Entender-se melhor para poder brilhar seria a ideia. Refletir sobre a profundidade que carrega a superficialidade, também. As discotecas promoviam muita alegria, e essa imagem remetia a sexo, drogas, à revolução comportamental da época e à virada política, com a promulgação da Lei da Anistia naquele mesmo ano.

Comparado ao *Refazenda*, que passou por 58 cidades, *Realce* teve uma turnê curta. Além

---

9 Depoimento de Gilberto Gil em Carlos Rennó (org.), *Gilberto Gil: todas as letras*, São Paulo: Companhia das Letras, 2003, p. 264.

de se separar de Sandra Gadelha, aquele foi um momento em que o cantor se questionou se continuaria sua carreira. Não foi a primeira vez: para subir ao palco e cantar "Domingo no parque" no III Festival da Música Popular Brasileira de 1967, foi preciso buscar um Gilberto Gil em estado de apavoramento no hotel. Canceriano, mesmo com toda a transcendência alcançada, ele às vezes dá tilte. "Pergunte a Flora e a Caetano. Eles vão lhe dizer: 'O Gil tem lá seus momentos'"[10], brinca ele, entre risos. A composição de "Palco", para ele uma despedida, o levou de volta ao topo das paradas de sucesso e a desistir da desistência.

Trazendo histórias, memórias e análises de experiências vividas por Gilberto Gil, este livro se propõe a viajar por essa história de sonhos e sons através do *Refazenda*.

DA AUTORA

A escolha de *Refazenda* para compor esta coleção teve a ver com um desejo de contar uma história desde o seu início, mal (ou bem) que todo biógrafo persegue. *Refazenda* é um dos meus álbuns favoritos de Gil – não o único favorito –, mas não era o caminho mais fácil para mim. Como biógrafa dos Mutantes (no livro *Discobiografia mutante: álbuns que revolucionaram a música brasileira*), o álbum de 1968, intitulado *Gilberto Gil*, sempre esteve muito mais acessível. No entanto, ali o Gil utópico fazia uma virada que o levava de seguidor da bossa nova de João Gilberto – no disco *Louvação*, de 1967 – a roqueiro. Sendo que um Gil estava muito ligado a outro.

Refazenda representou uma virada para o Gilberto Gil músico, uma novidade musical para

---

10 Entrevista realizada em maio de 2020.

os que estavam acostumados com o artista ativista ("artivista") ou tropicalista, tornando-se um disco até hoje comumente resgatado para inspirar releituras. E essa novidade musical trazia consigo, à tona, a essência de Gil e a busca por suas raízes.

Se, para realizá-lo, Gilberto Passos Gil Moreira precisou resgatar suas referências da primeira infância, vivida na cidade baiana da Ituaçu, para falar do primeiro disco da trilogia "Re", não tem como também não voltarmos aos tempos em que Gil era aquele Beto (seu apelido quando garoto) que ouvia música em aparelho de som de vizinho ou conhecia nomes como Luiz Gonzaga através do serviço de alto-falante da cidade. Nem como não traçar seu crescimento a partir de suas primeiras influências – de Gonzaga a Jorge Ben, passando por João Gilberto, Dorival Caymmi e, depois, The Beatles.

Por essas e outras é que *Refazenda* é um de seus poucos trabalhos que permitem uma escrita biográfica que vai além de recortes. Para uma biógrafa, não tem exercício melhor. Para uma discobiógrafa, atrelar a história da vida à do disco é tão prazeroso quanto ouvir todas as faixas de *Refazenda* de novo, e de novo, e de novo...

Não foi fácil reconstruir as gravações do álbum, afinal, personagens importantíssimos dessa história já faleceram ou sumiram do cenário musical sem explicar por que não querem mais falar do que construíram junto com Gilberto Gil, naquele momento um *band leader*. Fora isso, a memória trai algumas fontes e nem o próprio Gil tem resposta para tudo. Nada de Gil é preto no branco. O videoclipe da regravação de *Refazenda* pela banda pernambucana Nação Zumbi traz, logo no início, uma imagem de Gil nos anos 1970 comentando a faixa e resumindo tudo: "Refazenda... Tu me ensina a fazer renda, que eu te ensino a namorar. Enquanto o tempo não trouxer teu abacate, amanhecerá tomate, anoitecerá mamão. Essas coisas todas... Refazenda é tudo... É o meu trabalho... Sou eu refazendo tudo, andando de ré".

Então, em vez de ficar tentando explicar as viradas de Chiquinho Azevedo na bateria, a melancolia de Dominguinhos ao acordeom, ou a compreensão que o arranjador Perinho Albuquerque tinha de Gil – os dois primeiros, mortos, e o outro, inacessível –, por que não dar a marcha à ré com Gil e buscar o que o levou até ali?

Além de entrevistas com Gil, busquei falas de outros tempos. Dar à ré com Gil significa também revisitar as entrevistas que concedeu nos anos que antecederam e nos que sucederam o lançamento do álbum em questão. Jornais e revistas antigos, muitos deles reunidos em livros lançados mais recentemente, entre eles *Encontros*, de Gilberto Gil com apresentação de Ana de Oliveira, auxiliaram muito na compreensão de *Refazenda* em seu tempo e espaço. As revisitas de Gil a suas canções no livro *Gilberto Gil: todas as letras* também foram essenciais para montar o quebra-cabeça chamado repertório. A biografia assinada por Gil e Regina Zappa, *Gilberto bem de perto*, traz bastante informação factual importante para conectar "causos" e acontecimentos. Nada em Gil é linear, nem mesmo suas revisões do alto de seus 80 anos.

As pesquisas em jornais antigos, utilizando a hemeroteca digital e acervos disponíveis através de assinaturas digitais, revelaram uma lacuna. Foram boas, porém poucas, as matérias na mídia sobre *Refazenda* no ato de seu lançamento. Houve pouquíssima repercussão dos shows, por exemplo. Uma entrevista dada a Nelson Motta e publicada no jornal O *Globo* auxiliou muito na compreensão de que Gil, naquele momento, estava mais voltado para o seu interior, depois de buscar as influências do interior em sua criação, do que em exposições ou explorações exteriores. Percebe-se que as entrevistas de Gil eram (e ainda são) mais reflexivas do que factuais.

Com Gil, toquei em vários assuntos entre 2019 e 2022. Responsável pela curadoria e edição de um museu virtual lançado em 14 de junho de 2022, O Ritmo de Gil, que reúne mais de 140 exposições e mais de 40 mil itens no Google Arts & Culture, tive a oportunidade de mergulhar no acervo, na história e na obra do artista – e fazer, durante esses três anos, mais entrevistas, com ele e outros personagens de sua história (como Caetano Veloso, que trago para este livro), do que havia feito na vida inteira como jornalista. Algumas dessas conversas estão disponíveis no museu virtual. Muitas delas foram realizadas junto a integrantes da equipe que coordenei durante o trabalho: grande parte em parceria com a cineasta e jornalista baiana Ceci Alves, uma seguidora de Gil da vida inteira, e com o jornalista e pesquisador musical Ricardo Schott.

Com Schott, assino no museu uma exposição intitulada *Álbum cancelado por Gil e dado como perdido é encontrado quase 40 anos depois*. Encontrei nos armários da Gege Produções uma fita DAT com rotação alterada e uma K-7 com as faixas de um disco que Schott identificou como aquele que Gil gravou em inglês, sob produção de Ralph MacDonald em 1982, em Nova York, e cancelou ao chegar ao Brasil com a fita nas mãos. Ele traz uma sonoridade mais americana do que a de *Realce*. Foi por sentir falta de um pouco de brasilidade que Gil não quis lançá-lo. Agora, pela primeira vez, o disco é apresentado ao público, no museu do Google Arts & Culture.

Essa e outras exposições – como a *Discobiografia gilbertiana* – me fizeram mergulhar numa história incrível. A aproximação permitiu conhecer melhor o Gil homem de família, caseiro, generoso e interessado em saber como todos estão. Sempre que me encontrava, perguntava como estávamos eu e os amigos do projeto. Conversamos muito sobre o período em que foi ministro da Cultura.

E, por falar em política, resgatei uma matéria publicada pelo jornal O Globo em 31 de julho de 2008, dia seguinte àquele em que o então presidente Lula aceitou o pedido de demissão de Gilberto Gil, na qual o ex-ministro falou, nas palavras dos repórteres Luiza Damé e Chico de Góis, que "a música que resumiria o seu ciclo no cargo e o governo Lula é 'Refazenda'". Nas palavras de Gil: "Amanhecerá tomate e anoitecerá mamão. O governo Lula teve a capacidade de fazer o país compreender o processo da transmutação da vida. É uma música que eu cederia como *jingle*"[11].

Muitas das falas expostas ao longo dos capítulos vieram de conversas que pudemos travar. E muitas reflexões vieram de uma tentativa de interpretar as passagens de sua vida, que, como já foi dito, não traçam uma linha reta. A Bahia deu régua e compasso, mas São Paulo, Rio de Janeiro e Inglaterra forjaram um novo, mais calmo, espiritualizado e criativo Gil.

"Eu estou acostumado a desdobrar o papo. Até porque eu não sou muito linear mesmo. Vocês veem que, cada pergunta que fazem, eu corro para lá, corro para cá. Desvio para um outro campo, para outra questão"[12], reconheceu em uma das entrevistas feitas para o museu.

Agradeço a Gil por tantos bons papos, a Flora Gil e sua irmã, Fafa Giordano, pela parceria e confiança em abrir as pastas e gavetas para mim; às filhas Nara Gil e Maria Gil, que tanto deram

---

[11] Luiza Damé e Chico de Góis, "Gil continuará comandando a massa, mas fora do cargo", *O Globo*, 31 jul. 2008, O País, p. 13.

[12] Entrevista realizada em maio de 2020.

atenção aos nossos projetos; à equipe da Gege Produções, que caminhou junto nessa jornada (em especial Eveline Alves e Meny Lopes, *in memoriam*, e Cristina Doria, de fora, mas de dentro); e a Gilda Mattoso, assessora de imprensa sempre atenta. Agradeço também ao time do Google Arts & Culture – em especial a Valeria Gasparotti, Thiago Carrapatoso e Isabella Matsura – pelo convite para assumir a curadoria do museu através de minha editora, a Garota FM Edições.

Agradeço a Marco Konopacki pelo amor e pela paciência nos dias de ausência; a meus pais, por terem me criado no rock; e aos discos, livros e violão, por terem me levado à MPB. Agradeço a Lucas Vieira, pelo grande auxílio na pesquisa e pela releitura deste texto, e a Carlos Eduardo Lima e Ricardo Schott pela leitura atenta. Agradeço aos amigos sempre prontos para buscar depoimentos que nem sempre conseguimos colher, entre eles Renato Vieira, e aos que me ajudam a pensar as histórias que escolhemos escrever, como Ceci Alves, Kamille Viola, Gustavo Alonso, Lorena Calábria e Paulo Cesar de Araújo. Obrigada, Lauro Lisboa, por ter me escolhido para navegar pelos mares navegados pelos tropicalistas, e Jefferson Alves de Lima, por reforçar o convite e pela confiança.

REFORMA
A DITADURA,
AS SUBVERSÕES E A MPB

ACATAREMOS TEU ATO: OS ANOS DE CHUMBO

Os anos 1970 foram de pouca esperança para os brasileiros que vislumbravam uma vida de paz, amor e liberdade. Em outubro de 1969, o general Emílio Garrastazu Médici (Arena) foi escolhido pela Junta Militar para assumir a Presidência da República, e seu mandato fez história como o mais repressivo da ditadura militar que o Brasil vivia desde 1964. Até o fim do seu governo, em 1974, as organizações de resistência à ditadura foram dizimadas e sobraram muitos nomes de cidadãos desaparecidos, presos, torturados e mortos.

Economicamente, o país parecia ir de vento em popa. Com um alto desenvolvimento, fruto de um financiamento externo que, no futuro, iria explodir a dívida externa, o chamado "milagre econômico" foi o responsável pela construção de rodovias, ferrovias, estradas, hidrelétricas e portos e pelo crescimento do Produto Interno Bruto (PIB) em 12% ao ano. Artisticamente, o Brasil se tornava um país cada vez mais censurado. Enquanto milhões de empregos eram gerados, manifestações artísticas foram sendo restringidas.

Politicamente, a estabilidade conquistada por Médici permitiu que ele mesmo escolhesse seu sucessor. O general Ernesto Geisel (Arena) foi o presidente do Brasil de 1974 a 1979, período em que a música brasileira se reconfigurou e o personagem principal dessa história que vamos contar entrou numa fase de reforma, retorno, reencontro, restauração, reconstituição, renovação e refazenda, para poder refazer, refavelar, realçar, refestar e, principalmente, revolver e revisitar.

O fim do governo Médici coincidiu com o fim do milagre econômico. A alta do petróleo e a escassez de investimentos estrangeiros mudaram o panorama econômico que andava fazendo felizes os brasileiros menos informados do que havia por trás daquela falsa sensação de sucesso. Geisel não conseguiu fazer funcionar na planilha os altos custos para manter os militares no poder. Além disso, o MDB avançou nas eleições gerais de novembro de 1974, conquistando 59% dos votos para o Senado e 48% para a Câmara dos Deputados e prefeituras das grandes cidades. Dois motivos para o presidente afrouxar em direção à abertura e à redemocratização.

Houve resistência por parte de militares mais radicais, e o Brasil só foi ter de novo um presidente civil – eleito de forma indireta, via colégio eleitoral – em 1985. Dez anos antes da grande celebração, em 1975, os estados da Guanabara e do Rio de Janeiro se fundiram sob o nome de Rio de Janeiro, em março, e, em outubro, o diretor de jornalismo da TV Cultura, Vladimir Herzog, foi encontrado morto em uma simulação de suicídio nas dependências do Destacamento de Operações de Informação – Centro de Operações de Defesa Interna (DOI-Codi), em São Paulo. O renascimento de um estado e a morte de um cidadão ilustre mostram a dicotomia em que todos viviam no ano em que Gilberto Gil lançou o primeiro álbum da famosa trilogia-de-quatro-discos "Re". Mas, muito antes de retomar suas origens nordestinas, africanas e dançantes em *Refazenda*, *Refavela* e *Realce*, Gilberto Gil experimentou na pele a truculência da ditadura militar.

CEDO, ANTES QUE O JANEIRO

Fora dos palcos, a primeira exposição pública de Gil contra o regime se deu no dia de seu aniversário, em 26 de junho de 1968: o músico se juntou a Caetano Veloso, Chico Buarque, Edu Lobo, diversos atores e outras tantas pessoas na Passeata dos Cem Mil. Todos contra o governo marcharam da Cinelândia até a Candelária, no centro da cidade do Rio de Janeiro. Seis meses depois, no dia 27 de dezembro de 1968, Gil poderia ter fugido, tentado se esconder ou qualquer coisa parecida, já que ficou sabendo que os militares o buscariam em sua casa antes de ele mesmo chegar lá.

O músico estava no apartamento de Caetano Veloso, na avenida São Luís, em São Paulo, quando a mulher do amigo, Dedé Gadelha, bateu na porta do quarto em que Gil estava com sua irmã, Sandra Gadelha. Era o início de uma relação amorosa que duraria cerca de dez anos e resultaria em três filhos. Sandra entrou na vida de Gil logo após o fim do namoro com Nana Caymmi, sua segunda mulher, e depois do casamento – esse, sim, oficial – com Belina de Aguiar, com quem teve duas filhas, Marília e Nara. Caetano abriu a casa para as autoridades, que disseram que voltariam para levá-lo e iriam também buscar o amigo dele. Gil foi avisado e correu para seu apartamento, localizado perto dali, para não deixar Caetano viver aquele terror sozinho.

Levado pelos oficiais do 2º Exército, Gil ainda parou no apartamento de Geraldo Vandré, que não estava em casa: o artista paraibano saiu de carro pelo Paraguai para um exílio no Chile e, depois, estabeleceu-se na França, de onde voltou apenas em 1973, renegando sua obra e elogiando o regime militar – até hoje não se sabe se obrigado ou por livre e espontânea mudança de ideal. Sem o autor de "Pra não dizer que não falei das flores (Caminhando)", a viatura seguiu para a casa de Caetano e, depois, rumo ao Rio de Janeiro, em uma viagem de horas, sem os dois baianos terem ideia de para onde estavam sendo levados. A primeira parada foi na sede do 1º Exército, na avenida Presidente Vargas, para um interrogatório comandado por um coronel. Lá, souberam que ficariam detidos porque havia contra eles suspeitas de subversão.

Caetano e Gil ficaram uma semana em solitárias do quartel da Polícia do Exército, no bairro da Tijuca, local que futuramente seria transformado no DOI-Codi. A noite de ano-novo foi de pura reflexão, algum medo e a cabeça raspada. Já no quartel da Polícia do Exército na Vila Militar de Marechal Deodoro, em janeiro de 1969, com um violão emprestado por um militar, Gil compôs quatro canções na cela: "Cérebro eletrônico", "Futurível", "Vitrines" e uma da qual nunca mais conseguiu se lembrar. Ele seguia separado de Caetano, mas na companhia de jornalistas e escritores presos pelo mesmo não declarado motivo, entre eles Ferreira Gullar, Paulo Francis e Antonio Callado. Durante um mês e meio, os dois passaram por diversos interrogatórios e responderam a perguntas sobre família, histórico escolar, envolvimento com política, ser ou não ser comunista etc.

Decretado 14 dias antes da prisão dos baianos, o Ato Institucional n. 5 (AI-5), emitido pelo presidente Artur da Costa e Silva, retirou direitos políticos, suspendeu os poderes do Congresso Nacional e recrudesceu a violência contra os opositores ao governo. Isso atingiu mais de 1.300 pessoas nos primeiros dois anos, causando de demissões a mortes. Era o começo do fim da tropicália e o início de uma perseguição que culminaria no exílio dos baianos. Além de Vandré, outros nomes da música saíram antes que acontecesse o mesmo com eles, entre eles Chico Buarque, que já estava na Itália quando o AI-5 foi decretado.

Caetano e Gil foram soltos ao mesmo tempo do quartel na Vila Militar de Marechal Deodoro, na zona norte do Rio de Janeiro, na Quarta-Feira de Cinzas de 1969. Na verdade, soltos, não. Naquele fevereiro, eles foram transferidos para prisão domiciliar. Em julho do mesmo ano, seriam pressionados a sair do país para um exílio: realizado no Teatro Castro Alves, em Salvador, o show que em 1972 virou um disco intitulado *Barra 69* representou o fim do movimento e a despedida daquela era vivida intensamente pelos dois amigos e transformada em revolução para a música brasileira. Um dia antes de embarcar para a Europa, Gil gravou "Aquele abraço", cujo título foi inspirado no bordão do humorista Lilico, repetido diariamente pelos carcereiros enquanto ele estava preso.

SABES AO QUE ESTOU ME REFERINDO: CENSURA NOS PALCOS, ESPAÇO NA TV

Essa história, no entanto, começou muito antes. Nos palcos, já no espetáculo *Arena canta Bahia*, realizado em São Paulo em 1965 com participação de Gilberto Gil e outros artistas do grupo baiano, foram identificados pela Censura indícios de subversão. O jornal *Última Hora* de 23 de outubro daquele ano publicou:

> A Censura de São Paulo não vetou inteiramente o texto de *Arena canta Bahia*, mas fez-lhe tantos cortes que a peça acabou inteiramente mutilada e teve, por isso, de ser retirada de cartaz. Durante uma das apresentações de *Arena canta Bahia*, o censor só não retirou a peça de cena em virtude da reação do público, que manifestou solidariedade ao elenco.[13]

Com "Domingo no parque" e "Alegria, alegria", que Gil e Caetano, respectivamente, apresentariam no festival de 1967, a subversão estava nos padrões estéticos da música popular brasileira de então, à época em vias de começar a ser chamada de MPB. A alteração no *status quo* da bossa nova, mais ou menos dez anos depois de seu surgimento, devido às mudanças no mercado, foi o que deu origem à sigla MPB. Entre essas mudanças estavam o aparecimento de novos atores e suas novas formas de criar e de novos espaços para se divulgar, como os festivais da canção, o que fez com que a música alcançasse uma popularidade nunca antes vista no país.

O I Festival de Música Popular Brasileira, transmitido pela TV Excelsior, em São Paulo, foi realizado em abril de 1965. No ano seguinte, a emissora concorrente TV Record investiu no modelo, criando seu próprio festival, também em São Paulo. Na briga por audiência, depois de ser dispensado pela Excelsior, o produtor e pesquisador Solano Ribeiro levou o Festival da Música Popular Brasileira para sua nova patroa, a novata TV Globo: o Festival Internacional da Canção (FIC) passou a se realizar

---

[13] "Teatro de SP virá ao Rio fazer protesto", *Última Hora*, 23 out. 1965, p. 2.

também no Rio de Janeiro a partir de 1968, com nomes nacionais e estrangeiros no elenco.

Nos palcos onde se realizavam festivais produzidos pelas emissoras de televisão da época, via-se música politicamente engajada, de protesto, descomprometida, alienada, com violão, com guitarra... Nas casas brasileiras, os torcedores paravam para assistir como se vissem campeonatos de futebol. Foi nesses festivais que Gil e Caetano ficaram mais visados pelos militares.

AMANHECERÁ TOMATE: 1967

Realizado em 1967 e transmitido pela TV Record, o III Festival da Música Popular Brasileira uniu Gilberto Gil e Os Mutantes no palco. Através do inventivo maestro Rogério Duprat, o músico experiente conheceu os jovens paulistanos enquanto eles acompanhavam sua namorada de então, a cantora Nana Caymmi, na gravação da canção "Bom dia", de autoria de Gil. O baiano havia sondado o Quarteto Novo[14], que àquela altura estava "operando a fusão de MPB com aspectos folk da música contemporânea, quando eu cheguei propondo Beatles e outras histórias, outras aderências e aspectos que eles não quiseram"[15], rememora Gil.

Encantado com o trio formado pela cantora Rita Lee, o baixista Arnaldo Baptista e o guitarrista Sérgio Dias, convidou-os para gravar "Domingo no parque" com ele e acompanhá-lo em

---

14 Formado por Theo de Barros (contrabaixo e violão), Heraldo do Monte (viola e guitarra) e Airto Moreira (bateria e percussão), o conjunto foi criado para acompanhar o cantor e compositor Geraldo Vandré e, em 1967, lançou o primeiro LP, homônimo, já tendo o flautista Hermeto Pascoal como integrante. No III Festival de Música Popular Brasileira, acompanhou Edu Lobo e Marília Medalha na apresentação da música "Ponteio", que venceu.

15 Entrevista realizada em maio de 2020.

sua apresentação no festival. Os Mutantes também quase não toparam fazer parte daquilo que (sem saberem) seria uma revolução. Conforme conto no livro *Discobiografia mutante: álbuns que revolucionaram a música brasileira*,

> a primeira reação dos irmãos Dias Baptista quanto à música do baiano não foi muito boa, afinal, o negócio deles era o rock. Só Rita gostou da ideia de tocar "Domingo no parque". No entanto, como provocar era o que eles mais gostavam de fazer, ao saber que iriam invadir um festival de MPB com seus instrumentos elétricos – e que isso poderia causar uma baita confusão por causa das esperadas vaias do público – a resposta ao convite foi positiva.[16]

"Domingo no parque" misturou berimbau com guitarra elétrica no palco pela primeira vez no Brasil, materializando os preceitos do movimento tropicalista. O instrumento de origem angolana e tradicional na Bahia trouxe/evocou as rodas de capoeira à/na introdução da canção, na qual Gil mimetiza o canto folk e narra uma história em que o ciúme faz um triângulo amoroso terminar em tragédia. Os Mutantes vinham do rock, mas a banda fez bonito ao misturá-lo à música brasileira, tornando-se uma das responsáveis pela mudança da sonoridade de Gilberto Gil. Juntos, eles transformaram a música do "padrinho" em um clássico, e o compositor levou o segundo lugar na disputa.

---

[16] Chris Fuscaldo, *Discobiografia mutante: álbuns que revolucionaram a música brasileira*, Rio de Janeiro: Garota FM Books, 2018, p. 28.

O SEU AGOSTO AZEDO: 1968 NOS FESTIVAIS

Em setembro de 1968, o clima pesou. A terceira edição do Festival Internacional da Canção da TV Globo foi marcada pela tônica de protesto contra o regime militar. Acompanhado da banda argentina de rock Beat Boys – que havia tocado com Caetano Veloso em "Alegria, alegria" no ano anterior –, Gil apresentou com guitarra *a la* Jimi Hendrix, e sob vaias, a canção "Questão de ordem", que mandava um recado aos militares. A esse mesmo festival Caetano Veloso levou a canção "É proibido proibir" acompanhado dos Mutantes. Os números estavam experimentais demais para uma plateia que queria assistir a apresentações que mostrassem uma clara reação à ditadura.

Arranjos caóticos, roupas extravagantes e a cabeleira solta de Caetano incomodaram. Sua participação foi interrompida por vaias mais fortes do que as recebidas pelo amigo, e Caetano acabou fazendo o histórico discurso em que questionou: "Mas é isso que é a juventude que diz que quer tomar o poder?". Gil foi desclassificado e Caetano não apareceu para a final.

Em outubro, Caetano, Gil e Os Mutantes se arriscavam no pequeno palco da boate Sucata, no Rio de Janeiro. No cenário, havia uma obra do artista plástico Hélio Oiticica com a imagem do bandido Cara de Cavalo – executado pelo esquadrão de morte da polícia – e a inscrição: "Seja marginal, seja herói". Os militares ficaram sabendo da bandeira e ouviram dizer que o Hino Nacional havia sido cantado de forma profana. Naquele mesmo mês, estreou um programa na TV Tupi chamado *Divino Maravilhoso*, que ficaria apenas três meses no ar com Caetano, Gil e Gal Costa à frente, como apresentadores. A língua solta fez com que a própria direção resolvesse tirá-los do ar em dezembro.

Dirigido por Fernando Faro e Antônio Abujamra, com o novelista Cassiano Gabus Mendes trabalhando no corte de imagens, *Divino Maravilhoso* estreou em 28 de outubro causando polêmica, pois as transmissões eram ao vivo e não tinham roteiro, o que permitia aos cantores fazer o que quisessem na frente das câmeras. Caetano, Gil e Gal apresentaram nomes da cena brasileira, como Jorge Ben e Jards Macalé, e contaram com participações de Nara Leão, Os Mutantes e Beat Boys, entre outros. Houve uma cena em que Caetano Veloso apareceu preso em uma jaula comendo bananas ou plantando bananeira, mas o número derradeiro foi aquele em que ele cantou "Boas festas", de Assis Valente, com um revólver apontado para a própria cabeça. Logo depois que perderam o programa, Caetano e Gil foram presos.

RETORNO
OS ANOS 1970, O EXÍLIO E A VOLTA PARA CASA

TEU RECOLHIMENTO É JUSTAMENTE: RAÍZES E A VOLTA PARA O BRASIL

Na volta do exílio, sua base seria a Bahia e, também, o Rio de Janeiro – os dois estados onde ficou se alternando pelo resto de sua vida, às vezes mais em um do que em outro, mas sempre tendo morada nos dois. E sua ânsia por colocar em prática as redescobertas que fez enquanto estava fora era enorme. "Como se ter ido fosse necessário para voltar", cantou Gil em "Back in Bahia", faixa do *Expresso 2222*, como se estivesse explicando que, na Inglaterra, sentiu um alargamento de sua visão em relação às coisas do Brasil. Como se olhar por outra perspectiva lhe permitisse enxergar muito mais do que via quando vivia em seu próprio país. Em entrevista a Bernardo Kucinski, publicada na revista *Veja* em 19 de janeiro de 1972, ele disse:

> O quadro se ampliou e, agora, quero examinar com atenção os detalhes. Por exemplo, o samba, o samba em si, o samba como forma. [...] Quero ir ao morro falar com os sambistas. [...] Vou ver a feira de Caruaru, em Pernambuco, visitar a minha família no interior.[17]

Gil buscava raízes, as mesmas que ele encontrara antes da tropicália, da prisão e do exílio, quando esteve em Pernambuco em 1967, para um mês realizando shows de lançamento do seu primeiro álbum, *Louvação*. Em Recife, ele conheceu os músicos iniciantes Naná Vasconcelos, Geraldo Azevedo, Teca Calazans, Paulo Guimarães, além de Hermilo Borba Filho, fundador do Teatro Popular do Nordeste e diretor do Teatro Popular do Estudante, um espaço de resistência à ditadura. Gil teve maior proximidade com maracatus, manifestações populares, cirandas e, em Caruaru, teve seu primeiro contato com a Banda de Pífanos, um conjunto de música instrumental regional do Nordeste brasileiro composta por pífanos e percussão. Relembrando, Gil reafirma que foi ali que surgiu a ideia de movimento que resultaria na tropicália:

> Eu fiquei mais de um mês em Pernambuco e encontrei vários artistas novos que estavam surgindo na cena pernambucana. O Quinteto Violado, por exemplo. Todos eles estavam atentos à movimentação política da música local, utilizada ali como instrumento de luta e tudo o mais. Soma-se a isso o fascínio que os movimentos folk da região despertaram em mim, com a Lia de Itamaracá, e todo o movimento das cirandas, coisa que estava começando ali, ela ainda bem menina, jovenzinha, e a Banda de Pífanos de

---

[17] Entrevista reproduzida em Gilberto Gil, *Encontros*, com apresentação de Ana de Oliveira, Rio de Janeiro: Beco do Azougue, 2007, p. 42.

Caruaru com aquela força rock, punk. Alguns me entusiasmaram muito com essa coisa de fazer música e militar nesse campo, desenvolvendo canções etc. Foi um momento positivo e eu trouxe toda essa carga de volta para São Paulo, mais estimulado ainda pela noção de que havia ali um movimento.[18]

Se ele embarcou para essa experiência com *Sgt. Peppers Lonely Hearts Club Band* e *Rubber Soul*, dos Beatles, na cabeça, o encontro com tal brasilidade, em 1967, o fez gostar da ideia de misturar tudo antropofagicamente. Não sem antes separar o joio do trigo, ou seja, o que de fato era raiz e o que era apropriação externa, para compreender cada um e juntá-los tudo novamente no caldeirão do qual sairia a tropicália. Em entrevista para Regina Zappa publicada no livro *Gilberto bem de perto*, Gil afirmou:

> Tudo isso provocou em mim um desejo muito grande de revolver de uma forma mais generosa, mais ousada, revolver o terreno todo, arar de novo, replantar, semear coisas novas, trazer sementes novas, fazer os cultivares híbridos, plantar coisas novas, misturar laranja com mamão, o abacateiro, a ideia da *Refazenda* já estava ali.[19]

DA PALAVRA TEMPORÃO

O passeio em 1967 pelo estado vizinho o fazia relembrar sua infância em Ituaçu, cidade a sudoeste do estado da Bahia onde Gil morou por quase dez anos, de logo após seu nascimento até 1951, quando se mudou para Salvador. Esse encontro com a cultura pernambucana trouxe de volta algo

---

[18] Entrevista realizada em maio de 2020.
[19] Depoimento retirado da versão digital de Gilberto Gil e Regina Zappa, *Gilberto bem de perto*, Rio de Janeiro: Nova Fronteira, 2013.

que, na música, ele ainda não havia experimentado tão efetiva e declaradamente: o retorno às origens, que se tornou depois um dos conceitos principais de *Refazenda*. Isso sem tirá-lo da hipnose em que a produção estrangeira o havia colocado, assim como a Caetano Veloso e a tantos outros artistas brasileiros:

> Eu me identificava com algo que já era minha identidade, porque aquilo tudo era uma reconstituição do Recôncavo da Bahia, dos subúrbios cariocas com o dedo do samba, era todo esse Brasil essência, autóctone, forte e ao mesmo tempo *Sgt. Peppers*, esse estrangeiro sedutor que vinha com tanta coisa.[20]

Com Caetano pensando de maneira filosófica a seu lado, Gil partiu para a programação, como lembra o amigo:

> Gil diz muitas vezes que a estruturação do tropicalismo se deve a mim, quando, na verdade, só se tornou um projeto estruturado por causa dele. Ele foi a Pernambuco, e já tinha ficado fascinado com "Strawberry Fields Forever", dos Beatles... com aquela gravação com coisas ao contrário, fitas tocando ao contrário, e a própria composição e sonoridades... Ele estava também muito interessado no aspecto da música de massa, de nós sermos – quiséssemos ou não – representantes da indústria cultural. Mas ele não usava essa expressão antes de ir a Pernambuco.[21]

Gil costuma jogar a bola de volta para Caetano, sempre:

> O máximo que eu posso aceitar é uma corresponsabilidade. Que tenha sido de Deus, que tenha sido dos dois. Mas, dessa coisa, os argumentos que ele usa para justificar que eu

---

20 *Ibidem*.
21 Entrevista realizada em abril de 2020.

> tenha sido o mentor me dão margem para que eu utilize uma série de outros argumentos para mostrar que ele foi o mentor. Então, não adianta prosseguirmos nessa discussão. Ela já vem de muito tempo que eu jogo pra ele, e ele joga pra mim, e fica esse pingue-pongue.[22]

Gil e Caetano foram seduzidos pelos Beatles, e também por Roberto Carlos e toda a turma daquela segunda geração do rock brasileiro – anos depois batizada de Jovem Guarda. Foi ao ouvir sua irmã Maria Bethânia lhe dizer que era no cantor e compositor capixaba de sucesso nacional que Caetano deveria se inspirar que ele parou para assistir ao programa de televisão comandado por Roberto junto ao cantor e compositor carioca Erasmo Carlos e à cantora mineira Wanderléa. Caetano se encantou com o que viu no palco do *Jovem Guarda* e contou para Gil, àquela altura muito devoto do violão de João Gilberto e da composição de Dorival Caymmi, e admirando demais as inovações rítmicas propostas por Jorge Ben.

Gil tinha, como sempre teve, o coração aberto para novidades e experiências e havia acabado de voltar de Pernambuco quando idealizou com Caetano um projeto inovador para a música brasileira. Caetano rememora:

> Ele voltou de lá transformado, com a ideia de organizar um projeto muito nitidamente pensado, que encontrava muito eco nas coisas que eu vinha pensando, e conversando com [o artista plástico] Rogério Duarte e [o escritor] José Agrippino de Paula a respeito das culturas de massas. E, numa conversa com Bethânia, ela me disse que eu devia prestar atenção em Roberto Carlos e no *Jovem Guarda*. Dizia que eles tinham muito mais vitalidade, inclusive poética.[23]

---

22 *Idem.*
23 *Idem.*

TEU AMOR: PENSAR A TROPICÁLIA

Caetano e Gil se conheceram em 1963 através do produtor baiano Roberto Sant'Ana, que os apresentou na rua Chile, em Salvador, e, a partir de então, não se separaram mais. Já no eixo Rio-São Paulo, a dupla convocou muitos outros músicos para participarem do movimento. Mas quem acabou ficando foram os que posaram para a capa do álbum *Tropicália ou Panis et Circencis*, lançado em 1968: Gil, Caetano, Gal Costa, Os Mutantes, Rogério Duprat, Torquato Neto, Tom Zé, José Carlos Capinan e Nara Leão. Caetano se lembra bem da dificuldade que foi convencer artistas a aderirem àquela novidade musical que ele e Gil estavam propondo:

> Havia uma cisão entre a MPB e a Jovem Guarda ou o que não fosse da produção da segunda geração da bossa nova. Gil, quando voltou de Pernambuco, queria fazer uma coisa que pusesse em xeque essa cultura da qual nós fazíamos parte. Ele tinha um programa, uma proposta de ação e atitude, de mudança de perspectiva. E ele queria propor isso não a mim e a Gal, mas a todos os músicos contemporâneos. Então, marcou vários encontros. Um na casa de Sérgio Ricardo, acho que um na casa do Edu Lobo, não lembro com certeza. Nem todos entenderam. Torquato não entendeu logo. Eu entendi logo. Gil que trouxe a ideia de fazer uma coisa organizadamente programática, que veio a dar no que se chamou de tropicália.[24]

Programação de Gil, ideias de Caetano. Ou vice-versa. Diz Gil:

> É como se tivéssemos sentado um dia ali frente a frente e tido a ideia de que o movimento

---

24 *Idem.*

> precisava ser feito. Quem é que vai sair pra fazer esse movimento? Mais adequado que fosse eu. É um pouco isso, porque toda a conceituação, a necessidade de estabelecer um diálogo mais incisivo entre os elementos da música brasileira vigentes naquele momento com uma música internacional emergente, tudo isso, com vistas a um deslocamento evolutivo da música brasileira para nós mesmos, nós autores, nós pensadores sobre música brasileira, nós consumidores de música, tudo isso vinha dele.[25]

A canção-manifesto "Tropicália" começou a ser gravada sem título, já que Caetano Veloso relutou em aceitar o nome da música. A ideia foi de Luiz Carlos Barreto, fotógrafo dos filmes *Vidas secas*, de Nelson Pereira dos Santos, e *Terra em transe*, de Glauber Rocha. O movimento também se beneficiou e foi associado a outras áreas artísticas que tinham importantes trabalhos de vanguarda: como exemplos, os filmes citados anteriormente; a peça *O rei da vela*, uma adaptação montada por José Celso Martinez Corrêa da poesia e do pensamento antropofágico do modernista Oswald de Andrade; e a instalação *Tropicália*, do artista plástico neoconcretista Hélio Oiticica.

Gil entrou nessa roda-viva da mistura. Bossa nova, samba, baião, rock, valia tudo. Em São Paulo, chegou a regravar "Procissão" em seu álbum homônimo de 1968, com produção de Manoel Barenbein, arranjos do maestro Rogério Duprat e participação da banda Os Mutantes. O resultado é uma sonoridade muito mais pesada e experimental do que a de sua primeira leitura da canção para o disco *Louvação*, de 1967, em que na capa aparece sentado em um banquinho com um violão.

Rapidamente, o movimento tropicalista o engoliu e consumiu sua inspiração durante os anos

---

25 *Idem*.

pré-exílio. Durou pouco, porque ele e Caetano foram presos em 27 de dezembro de 1968, transferidos para prisão domiciliar em fevereiro de 1969 e intimados a sair do país em julho do mesmo ano. Na volta do exílio, Gil construiu esse outro espaço de imersão em sua própria história que geraria *Refazenda*. Em 1975, quando Gil lançou o álbum, o Brasil ainda vivia sob o comando de militares, e a Censura ainda determinava o tipo de música a ser gravada em disco e apresentada em show.

Mesmo que ainda dependesse dos shows, que seguiam exigindo um tanto da energia da qual aos poucos se desprendia, ele foi desacelerando e criando um novo projeto a partir dessa desaceleração. É verdade que continuava tendo de encarar as truculências da Censura, como ocorreu quando se apresentou ao lado de Chico Buarque no festival Phono 73, em que tiveram seus microfones cortados durante a apresentação de "Cálice", mas Gil aos poucos ia tentando se reconectar com sua fazenda.

AGUARDAREMOS: LISERGIA, GUITARRAS E SEXO

Um despudor audacioso marcou a criação artística nos anos 1970, e uma nova permissibilidade reconfigurou os relacionamentos pessoais. Tratava-se de uma transgressão resultante da equação cujas expressões não estavam tão incógnitas assim: as revoluções comportamentais, o avanço da militância feminista e o descobrimento de drogas lisérgicas, além da leitura de textos iniciáticos que representaram a fonte de inspiração do pensamento hermético e neoplatônico, entre eles os de Hermes Trismegisto, fizeram com que a multiplicidade de sentidos permeasse a inspiração de artistas do mundo todo e, também, do Brasil. Por sua biblioteca esotérico-filosófica passaram obras como *O livro da lei* (Aleister

Crowley), *Meditação transcendental* (Maharishi), *Admirável mundo novo* (Aldous Huxley) e *A erva do diabo* (Carlos Castañeda).

Gil não foi o único músico dessa época que experimentou ácido, mescalina e cogumelos. Em sua obra, os efeitos lisérgicos apareceram em tudo o que fez naquela década. No livro *Gilberto bem de perto*, em um depoimento, ele assume que

> foi uma experiência incrível que ajudou muito na questão da expansão do horizonte musical, a coisa toda de querer um processo mais aventureiro com a música, mais experimental, de romper barreiras, que deu em discos como *Expresso 2222* quando eu voltei ao Brasil.[26]

A influência é aparente em seu trabalho de 1972, e mais subliminar nos álbuns que vieram em seguida. Diz Gil na mesma conversa com Zappa:

> Acho que foram elementos que deram base de sustentação estética, de visão musical para os meus dez anos seguintes. É dali que saíram as bases para *Refazenda*, *Refavela*, *Realce*, que marcaram a minha presença na música popular, com aquele território demarcado de liberdade, de experimentação.[27]

Gilberto Gil voltou de Londres em 14 de janeiro de 1972, onde estava exilado desde 1969, e logo lançou o álbum *Expresso 2222*. O cantor e compositor trouxe consigo a ilusão de que o sonho tinha acabado e a música pop não era o caminho que gostaria de seguir, pelo menos naquele momento. Enquanto viajava pelos palcos do Brasil, ia transformando o desejo de retomar suas raízes naquele que seria o repertório de *Refazenda* – esse, sim, o marco de um

---

26 Gilberto Gil e Regina Zappa, *Gilberto bem de perto*, op. cit.

27 *Ibidem*.

recomeço. Nos shows, o *set list* era enérgico e incluía "O sonho acabou", faixa composta na Inglaterra e incluída no *Expresso 2222*. Sobre a música, Gil declarou em entrevista a Hamilton de Almeida, publicada na revista *O Bondinho*, em 16 de fevereiro de 1972:

> Então, essa letra me ajudou. Foi assim como que uma revelação do que significava o sonho ter acabado pra mim, no sentido todo da música pop, do psicodelismo, da coisa de diluição da comunicação, da massificação moderna, da exaustão, dessa vivência toda dos anos 1960 etc.[28]

Para o baiano, o ciclo havia se fechado e a música pop já não lhe interessava mais como antes.

A canção com ares pop determinou que havia chegado a hora de ir em busca de "despolarizar uma característica fundamental de minha formação, de estrutura mesmo, de base, de origem, para dar, para abrir, para a impregnação do novo"[29]. Com os Beatles e seu *Sgt. Peppers*, o sonho começou. Com os Beatles e seu fim em 1970, o sonho acabou. Só que Gil não conseguiria se desvencilhar tão rápido do que tinha sido o ponto de virada de sua carreira.

NÓS TAMBÉM SOMOS DO MATO

"Estou com 29 anos e sou um homem de dados, eu preciso de dados mais profundos, mais próximos das coisas de onde eu provenho, do mundo de onde eu saí, pra saber exatamente até que ponto eu devo me afastar dele ou até que ponto eu devo chegar mais perto dele"[30], declarou Gilberto Gil a Hamilton de Almeida, pouco antes de sair de

---

28 Entrevista reproduzida em Gilberto Gil, *Encontros, op. cit.*, p. 51.

29 *Ibidem*, p. 56.

30 *Ibidem*, p. 96.

Londres e de completar 30 anos. Gil queria saber até que ponto ele poderia se comunicar com "essa gente simples", para conseguir "definir os termos da minha própria simplicidade". Olhando de fora, parece que Gil não conseguia entender se, no Brasil, ele se manteria como um artista popular ou se deveria assumir "posições mais sofisticadas".

Gil havia aprendido a tocar guitarra e visto um pouco de tudo o que estava rolando no mundo do pop rock durante a temporada na Inglaterra. Ele conta, remexendo em seu baú de memórias:

> Aquela época, ali em Londres, era época da militância absoluta no pop. Eu ia ver tudo, e tudo tinha repercussão interna, na minha alma, e externa, na minha música. Eu resolvi tocar guitarra elétrica por causa daquilo tudo. Fui comprar minha primeira guitarra em uma loja que fornecia o instrumento para aqueles guitarristas todos [a Rose-Morris, na Denmark St]. No dia que eu comprei minha guitarra, o menino me mostrou uma que o Alvin Lee tocava, mas eu pedi uma mais simplezinha.[31]

Gil comprou uma Gibson ES-330[32], mas, com seu autodidatismo, não correu atrás de algum método de ensino que o transformasse em um solista:

> No tropicalismo, as guitarras se aproximaram do meu trabalho, mas não nas minhas mãos. Elas estavam nas mãos do Serginho [Dias, dos Mutantes], do Lanny [Gordin]. Em Londres, comprei uma Gibson 335 e levei para casa para ver o que é que eu fazia com aquilo. Vieram as batidas com a guitarra. Não transitei para o

---

[31] Entrevista realizada em maio de 2020.
[32] Em depoimentos, Gil afirma que comprou uma guitarra Gibson ES-335, porém, nas fotos em que ele aparece empunhando a guitarra, especialistas reconhecem o modelo ES-330 da marca.

> campo do solista com a guitarra porque não me achei competente para isso, mas fiquei com as batidas que vinham do violão.[33]

Naquele novo universo, ele pôde assistir a shows como o de David Bowie. E, na véspera do Natal de 1971, a uma apresentação em uma casa alternativa na qual, de dentro de um saco, saía Yoko Ono, enquanto John Lennon, George Harrison e Eric Clapton faziam um som:

> Essa junção da música com esse mundo performático estava começando ali, e a Yoko era uma das maiores expoentes, e das mais impressionantes. Ela influenciou muito o Lennon nessa associação entre música e artes plásticas. Imagina se esses shows não tiveram uma influência enorme em mim?! Estenderam o meu campo de visão, o campo de percepção, o campo de interesse.[34]

Assim que chegaram a Londres, Gil e Caetano foram ao festival da ilha de Wight para assistir ao show de Bob Dylan com sua The Band. No ano seguinte, em 1970, foram à terceira edição do evento e acabaram indo parar no palco junto a Gal Costa e aos integrantes da banda A Bolha, apresentando um pouco da psicodelia brasileira, em um show improvisado pelo *hippie* Claudio Prado, que dali em diante se tornou produtor cultural. O percussionista Airto Moreira, que tocava com Miles Davis – atração do festival – chamou os baianos para o *backstage* do show, eles conheceram Jimi Hendrix pouco tempo antes de o guitarrista subir ao palco para sua apresentação.

Nesse período, tanto Gil quanto Caetano fizeram *jam sessions* com músicos britânicos como Nik Turner, da banda psicodélica Hawkwind. Curador

---

33 Entrevista realizada em abril de 2020.

34 *Idem.*

do festival de Glastonbury, realizado na Inglaterra desde 1970, Steve Symons já contou por aí que os baianos tocaram no evento em 1971 e chegaram a participar de um grupo de trabalho para dar ideias para o festival: Gil teria sugerido que Glastonbury se inspirasse no Carnaval brasileiro e trouxesse mais luz e cor aos palcos. Em 1971, Gil fez um show com Gal Costa em Londres que foi gravado, e eles passaram anos sem saber disso. As fitas foram descobertas no fim dos anos 1990 e, em 2014, viraram o disco *Live in London '71*.

Em Londres, Gil virou "pai de menino", como previu que seria desde pequeno, conforme aprofundaremos no próximo capítulo. Primogênito de Sandra Gadelha, Pedro nasceu em 17 de maio de 1970. No ano seguinte, Gil registrou lá e lançou seu quarto disco, intitulado (de novo) *Gilberto Gil*. As experiências no exílio culminaram em um repertório em inglês, com direito à releitura do clássico "Can't Find My Way Home" (Steve Winwood). O primeiro encontro com o escritor e músico Jorge Mautner – que saiu do seu exílio nos Estados Unidos para Londres para conhecer Gil e Caetano – rendeu três faixas gravadas nesse álbum: "The Three Mushrooms", "Babylon" e "Crazy Pop Rock".

Entretanto, Londres não era o Brasil. E, para Gilberto Gil se reencontrar consigo mesmo, ou com seu novo eu, era preciso voltar para conferir se o seu caminho era seguir o seu primeiro mestre, Luiz Gonzaga, ou o segundo, João Gilberto. Ou mesmo, quem sabe, o ídolo Dorival Caymmi ou o muso inspirador Jorge Ben. Revisitar toda a história foi o que o levou a conhecer, admirar e se aproximar desses nomes da música brasileira, reencontrar-se consigo mesmo e elaborar seu *Refazenda*.

REENCONTRO
UM NOVO OLHAR SOBRE A BAHIA E AS INFLUÊNCIAS

BRINCAREMOS NO REGATO: DE ITUAÇU A SALVADOR

Gilberto Passos Gil Moreira nasceu em Salvador, em 26 de junho de 1942. Com menos de um mês, sua família deixou a rua Ismael Ribeiro, no bairro de Tororó, e se mudou para Ituaçu, município com cerca de 1.200 habitantes, localizado a mais de quinhentos quilômetros da capital baiana. Não havia luz elétrica na cidade do sertão onde o médico José Gil Moreira (1913-91) e a professora primária Claudina Passos Gil Moreira (1914-2013) decidiram morar, em busca de emprego: em cidade do interior, a concorrência entre os profissionais de medicina era menor.

Situada ao pé da Chapada Diamantina, Ituaçu fora habitada por índios maracaiares e tapajós e se chamara Brejo Grande. "Nesse ambiente, começamos a crescer, eu e minha irmã. Tinha quintal com pé de fruta-pão, jaqueira, mangueira, goiabeira, abacateiro", contou Gil para Regina Zappa no livro *Gilberto bem de perto*[35]. Nesse cenário bucólico, Gilberto e a irmã Gildina Passos Gil Moreira, nascida em agosto de 1943, foram alfabetizados pela tia-avó Lídia, que assumiu a criação de José Gil quando seus pais morreram e acabou virando a avó que as crianças não conheceram. Ou, como eram chamadas na época, Beto e Dina.

Enquanto dona Coló, como Claudina era chamada, ia dar aula na escola, Beto e Dina eram ensinados em casa pela professora aposentada. De acordo com Regina Zappa, "o desenvolvimento de sua personalidade artística tem raízes nesse chão doméstico"[36]. E isso é algo que não mudou até os dias de hoje... Há escolas que não só não incentivam o desenvolvimento artístico do aluno como ainda o colocam no caminho contrário, abafando sua vocação e o tornando um profissional de outra área medíocre. O mesmo acontece em muitas casas, com responsabilidade dos próprios pais. Na de Gil, foi diferente.

Claudina costumava dar instrumentos musicais de presente para Beto. Primeiro, o menino ganhou uma corneta. Depois, um tambor. Ele adorava. Tanto que, com menos de três anos, a mãe perguntou o que ele gostaria de ser quando crescesse e ouviu: "Musgueiro e pai de menino". "Musgueiro" foi a forma que aquela criança que mal aprendera a falar encontrou de dizer "músico". "Pai de menino" já se tratava do pequeno Gilberto profetizando: no futuro, ele teria oito filhos, entre eles, três meninos.

---

35 Gilberto Gil e Regina Zappa, *Gilberto bem de perto*, op. cit.
36 *Ibidem*.

ATÉ QUE NOS TRAGAM FRUTOS

As férias em Salvador permitiam que os meninos vivessem o clima litorâneo e de festas da capital. Beto nunca se esqueceu de quando viu um trio elétrico pela primeira vez, no Carnaval de 1950, aos 7 anos. Por outro lado, as festas juninas no outono/inverno de Ituaçu o mantinham conectado à cultura de seu Nordeste (que até 1969 era chamado de Norte), bem como as feiras que frequentava aos fins de semana. Cantadores cegos, tocadores de viola e improvisadores em meio a sacos de farinha, de rapadura e carnes secas penduradas, tudo ia preenchendo o menino de um tipo de cultura que anos depois ele entenderia como raiz. Enquanto ainda era criança, a maior materialização daquilo tudo que via atendia pelo nome de Luiz Gonzaga. Tratava-se de um pernambucano que, vestido de cangaceiro, ganhou o Brasil tocando acordeom e cantando músicas típicas do interior de sua região.

Antes de ver Luiz Gonzaga, Beto o ouviu. Em Ituaçu, o menino escutava música no rádio de caixa Philips que a família tinha em casa, na vitrola RCA Victor de seu Magalhães, amigo da família, e na do vizinho Toninho Guimarães. Primeiro, ele conheceu Vicente Celestino, Bob Nelson e outros cantores. Em 1946, Gonzaga passou a soar no serviço de alto-falante da cidade, o mesmo que apresentou Linda Batista, Francisco Alves e outros artistas aos habitantes do município baiano. Gonzaga, definitivamente, arrebatou aquele povo e, também, o coração de Beto, que, poucos anos depois de ouvir o pernambucano pela primeira vez, passou a querer tocar acordeom:

> A sanfona teve uma presença muito grande naquelas gerações que estavam ali no fim da década de quarenta e início da década de cinquenta. Você pega Milton Nascimento e a

sanfona está lá. Você pega João Donato, tá lá com ele. Você pega Wagner Tiso, tá lá. Vários artistas, alguns se fixaram no campo da música instrumental, outros se esparramaram pelo mundo da composição. Outros foram projetores que se tornaram intérpretes no sentido amplo. Foi um instrumento básico pela presença de Luiz Gonzaga e pela presença dos vários autores do Sul do Brasil, os riograndenses, e também os associados à música caipira de São Paulo, à música de Minas Gerais. Por acaso eu estava na Bahia e, por estar na cultura nordestina, me aproximei mais de Gonzaga e daquilo que veio se chamar de forró.[37]

A essa altura, Beto já estava de mudança para Salvador, onde moraria na casa da tia paterna Margarida e cursaria o ginásio no Colégio Marista Nossa Senhora da Vitória. Dona Coló decidiu, então, colocar o filho para estudar sanfona, outra forma como chamavam aquele conjunto que continha fole, palhetas e duas caixas harmônicas de madeira. Não havia ainda escola voltada para o instrumento, mas o médico espanhol José Benito Colmenero deu aulas em seu consultório até instituir a primeira Academia de Acordeon Regina. A partir de então, o jovem passou a compreender a música de Dorival Caymmi e tê-la como influência, bem como a de novos estilos musicais vindos do Sul do país, como o jazz. Ali, Gilberto Passos Gil Moreira começava a se tornar Gilberto Gil, o "musgueiro" do Brasil.

TU ME ENSINA A FAZER RENDA

No bairro de Santo Antônio, onde morava em Salvador, formou o grupo Os Desafinados, que apresentou forrós em muitas festas na capital e em

---

[37] Entrevista realizada em abril de 2020.

fazendas ao redor. Aos 15 anos, contribuiu com seu instrumento em um *jingle*. No estúdio, conheceu o homem que o introduziria no mundo profissional da música: Jorge Santos era dono de uma pequena agência de publicidade para a qual Gilberto gravou diversas propagandas musicadas nos anos seguintes. Morador do bairro de Barris, o produtor Roberto Sant'Ana, primo de Tom Zé e parceiro dele e de seus irmãos Bebito e Augusto no Conjunto Etílico Musical Chega Nego, ainda tem na memória algumas das músicas-chiclete que tocavam nas rádios da cidade:

> Nessa época, passava sempre apressado um mulato gordinho com sua calça de tergal e sapato Vulcabrás sempre muito lustrado, que brilhava. De longe nos acenava e descia a ladeira [da rua] Junqueira Ayres. Foi uma época muito especial, pois o Gilberto Gil fazia a transição da sanfona para o violão e já era um jinglista de respeito no mercado publicitário. Recordo-me do *jingle* dos Calçados Calba, que dizia assim: "Parece incrível, mas é flexível. O calçado que você sonhou. A bossa nova exclusiva da Calba. A bossa nova que a Calba criou". Teve outro muito marcante das lojas O Cruzeiro: "Nas Lojas O Cruzeiro, o seu dinheiro ainda tem cartaz. Nas Lojas O Cruzeiro, seu dinheiro vale mais".[38]

O TOM

Tom Zé veio de Irará, interior da Bahia, por influência de Gilka, esposa de Fernando Sant'Ana, tio de Tom e deputado. Em Salvador, ele vislumbrava se tornar músico profissional. O primo Roberto também veio com o intuito de trabalhar no meio artístico. Depois da experiência no Conjunto Etílico

---

38 Entrevista à autora em junho de 2021.

Musical Chega Nego, ele se tornou iluminador e, depois, produtor. Em 1962, Tom Zé passou em primeiro lugar no vestibular da Escola de Música da Universidade Federal da Bahia e foi apresentado pelo jornalista Orlando Senna a Caetano Veloso. Roberto, por sua vez, aprofundou sua relação com Gil nos estúdios da JS Discos:

> Acompanhei desde o seu início, com um compacto na JS em Salvador, até o seu recomeço na RCA, na Philips (Phonogram e PolyGram) e até na WEA. Participei no compacto da RCA, produzi o *Refavela*, produzi o *Antologia do samba-choro* [com músicas de Germano Matias] e coproduzi a trilha do filme *Eu, tu, eles*.[39]

No estúdio de Jorge Santos, Gilberto Gil virou músico profissional, com experiência em gravar direto no acetato, com microfone aberto. Foi essa experiência que lhe deu régua e compasso para viver tudo o que Roberto Sant'Ana acompanhou depois. Para um estudante de Administração que tinha a música como segunda opção, parecia o suficiente. Oito anos depois de começar a tocar, ele poderia ter se dado por satisfeito com aquilo que havia conquistado, mas João Gilberto já havia mudado o seu destino.

Certo dia, Gil voltou do colégio e ouviu "Chega de saudade" em casa, transmitida pela Rádio Bahia. Era 1959, o jovem estava prestes a completar 17 anos e ficou estarrecido. Parou de comer, plantou-se na frente do aparelho e ouviu a breve canção. Passou o dia todo esperando que o rádio voltasse a tocar aquela música composta a partir de um violão muito diferente. De tarde, novamente João Gilberto voltou a soar, só que com outra canção do mesmo disco. O adolescente só foi descobrir de quem se

---

[39] *Idem*.

tratava aquela sonoridade tão diferente das que ele estava acostumado uns dias depois, ao encontrar um funcionário da Rádio Bahia e perguntar a ele de quem se tratava.

A letra de Vinicius de Moraes e a melodia de Tom Jobim ganhavam contornos muito particulares na voz e no violão de João. Gil correu para comprar um LP de 10 polegadas que trazia "Bim Bom" no lado B. E logo quis também tocar violão, como conta:

> A bossa nova me impregnou de uma série de interesses novos: o João Gilberto, o Tom Jobim, o Vinicius de Moraes, o Baden Powell, e o violão. Eu larguei o acordeom quando ouvi João. O violão era um instrumento que me assustava. Eu não percebia o instrumento me atrair e nem era atraído por ele.[40]

Do acordeom para o violão, não foi uma mudança fácil, intuitiva. Antes de conhecer João Gilberto, Gil tentava tirar som do instrumento de cordas, mas as teclas faziam mais sentido, tinham uma matemática mais clara. Depois de João, ele agarrou um violão que sua irmã havia ganhado e não desistiu até conseguir fazer algo parecido com o que ouvia daquele músico que logo ele viria a saber que também era da Bahia. Gildina não tinha muita paciência para o instrumento, mas gostava de cantar nos concursos de calouros que frequentava com o irmão. Demorou para Gil conseguir tocar uma batida diferente da do baião, com a qual ele estava muito acostumado. Quando conseguiu avançar com o aprendizado, não parou mais. O jovem pediu à mãe dinheiro para um violão novo. Então, comprou o instrumento e, para estudar, o método Bandeirantes. Gil relembra:

---

40 Entrevista realizada em abril de 2020.

> O acordeom era mais fácil pra mim, porque tinha aquela coisa pitagórica direta, o teclado racional com seu dó-ré-mi-si-dó. O violão era mais misterioso, mais oriental, mais do norte da África, instrumento ligado ao alaúde... As formações musicais para as harmonias eram mais complexas do que você tinha em um teclado de um piano. E, então, só admiti passar para a exploração dessas linguagens das cordas por causa de João.[41]

Aos 17 anos, Gil fez sua primeira viagem para fora da Bahia: foi ao Rio de Janeiro acompanhar Jorge Santos e sua esposa, Carmelita, na compra de equipamentos e visitas aos estúdios da gravadora CBS. O trio foi também a casas noturnas que abrigavam bossa-novistas no Beco das Garrafas, em Copacabana, e tentou fazer uma visita ao músico Baden Powell, que não estava em casa. Jorge incentivava Gil cada vez mais, dizendo-lhe que ele não só ia ser músico, como já era um músico.

Ali pelo início dos anos 1960, Gilberto realizou sua primeira composição, "Felicidade vem depois", uma bossa totalmente inspirada na batida joão-gilbertiana que não chegou a ser gravada para nenhum disco de carreira, mas saiu encartada na revista *Bondinho* logo que Gil voltou do exílio. Também foi gravada por Paulinho da Viola para o *Songbook Gilberto Gil*, em 1992. Uma versão caseira com direito a bate-papo rolando ao final foi parar no repertório do álbum *Retirante*, lançado em 2010 só com raridades.

Em 1961, Jorge Santos criou um programa de televisão, o *Jota e Jota Comandam o Espetáculo*, que conduzia ao lado de Jorge Randam nas tardes de sábados, na TV Itapoan. Gil passou a apresentar suas criações diante das câmeras. Algumas delas foram "Felicidade vem depois", "Maria Tristeza"

---

41 *Idem.*

e "Serenata do teleco-teco" – as duas últimas presentes no repertório de seu primeiro álbum "de canções", um compacto lançado em 1963 pela JS Discos, junto a "Vontade de amar", "Meu luar, minhas canções", "Amor de Carnaval", além de "Povo petroleiro" e "Coça, coça, Lacerdinha", de Evaldo Guedes, e "Vem, colombina", de Silvan Castelo Neto e Jorge Santos.

No mesmo ano do compacto de 1963, Gil conheceu Caetano Veloso e descobriu Jorge Ben, outra influência para sua vida musical:

> O meu encontro artístico com Jorge se deu quando ouvi o álbum *Samba esquema novo* (1963), quando ainda morava em Salvador. Fiquei completamente encantado por aquela música, por aquele modo de cantar, de tocar, de compor, por aquela novidade extraordinária que ele representou. A tal ponto que, num determinado momento, eu disse: "Acho que não preciso mais fazer músicas, basta cantar Jorge Ben que já está legal [risos]". Jorge Ben é o *riff guitar* por excelência na música brasileira.[42]

A essa altura, Gil já era um profissional da música, cursava Administração de Empresas na Universidade Federal da Bahia (UFBA) e era secretário acadêmico da "Escola", como ele mesmo lembra: "Já militava ali e foi ali que conheci o José Carlos Capinan, com Torquato Neto, com toda essa turma"[43]. Seus pais haviam passado pelas cidades de Água Fria e Ibirataia e se mudaram para Vitória da Conquista, onde Claudina se aposentou e José Gil se elegeu vereador pelo PSD. Enquanto nem sonhava em se envolver com política fora da "Escola", Gil criava laços cada vez maiores com a música brasileira.

---

42 *Idem.*

43 *Idem.*

Com Luiz Gonzaga, Dorival Caymmi, João Gilberto e Jorge Ben, Gil começou a entender suas raízes, essas que ele foi relembrar durante o exílio e revisitar na volta para casa: "Minha primeira influência foi o acordeom de Luiz Gonzaga, depois o violão de João Gilberto. Tinha o resíduo do Dorival Caymmi. Depois, veio Jorge Ben"[44].

COMO O PATO E O LEÃO

Caetano já conhecia Gil da televisão e Roberto Sant'Ana sabia quanto o amigo admirava aquele "mulato gordinho" que fazia bonito ao apresentar números de bossa nova na TV Itapoan. Era com ele que o baiano de Santo Amaro da Purificação vinha tentando aprender violão: olhando os dedos de Gil, ele copiava os acordes. Um dia, ao se encontrarem na rua Chile, Sant'Ana apresentou Caetano avisando a Gil que se tratava de um fã. A conversa girou em torno da música, com destaque para alguns expoentes da bossa nova. "A conversa sobre música já pareceu me pôr aos olhos de Gil como se eu fosse um colega dele, embora eu mal soubesse tocar um dó maior no violão", lembra Caetano[45].

A amizade foi instantânea e os dois passaram a se encontrar, principalmente nos eventos de audição propostos por Roberto Sant'Ana, como conta o próprio:

> Pedi auxílio da atriz Maria Muniz e passamos a nos reunir em sua casa, aos sábados, onde ficávamos até o amanhecer ouvindo LPs da bossa nova. Wanda Sá, Carlos Lyra, Vinicius de Moraes, Baden Powell, Nara Leão, Johnny Alf, Dick Farney, Lucio Alves, Taiguara, Chico Fim de Noite (Feitosa)... O que posso chamar

---
44 *Idem.*
45 *Idem.*

> de "minha turma" reunia Perna Fróes no piano (depois médico no Rio de Janeiro), Djalma Corrêa na percussão, Alcyvando Luz (1937-98) no violão, o compositor Fernando Lona (1937-77), o artista plástico Emanoel Araujo, o poeta Carlos Falk, o cineasta e jornalista Orlando Senna, Caetano Veloso, Maria Bethânia, Maria da Graça (que depois virou Gal Costa), Tom Zé e eu.[46]

Nessa época atuando como fiscal da Alfândega, Gil logo se enturmou e passou a impressionar com seu violão. Gal era balconista, mas cantava e tocava o instrumento, enquanto a secundarista Bethânia eventualmente fazia o mesmo. Aluno do segundo ano de Filosofia, Caetano cantava enquanto se desenvolvia como violonista. Tom Zé era bolsista na Escola de Música e um compositor criativo. E todos iam mostrando canções novas que vinham fazendo. Além da música, a turma falava de peças do Teatro dos Novos e da Escola de Teatro da UFBA, de filmes do pré-cinema novo, e dos artigos do jornal *Diário de Notícias*, cuja página cultural era liderada por Glauber Rocha.

Num dia de 1964, surgiu o convite da companhia Teatro dos Novos, formada por ex-alunos da Escola de Teatro da UFBA, para fazerem uma apresentação na semana de inauguração do Teatro Vila Velha, construído por esse grupo para suas próprias apresentações. Caetano também já tinha um punhado de músicas compostas e pensava de forma coletiva: incentivou, então, os amigos a se juntarem em um espetáculo que ganhou o nome de *Nós, por exemplo* (na segunda edição, ganhou o sobrenome de *Nova bossa velha / velha bossa nova*).

Bethânia (18 anos), Graça (18), Caetano "Velloso" (22), Gil (22), Alcyvando (26), Perna (20) e Djalma (21) fizeram história nesse período

---

[46] Entrevista à autora em junho de 2021.

de inauguração do Vila Velha. Com cartaz de divulgação assinado por Emanoel Araujo, produção e iluminação de Roberto Sant'Ana, o show aconteceu em 22 de agosto de 1964. Orlando Senna cuidou da divulgação publicando pequenas entrevistas, reportagens e fotos com a turma, preparando o clima para o grande dia. Nas apresentações do mês seguinte, Tom Zé se juntaria à trupe no palco.

Durante a interpretação de "O menino das laranjas", conhecida na voz de Geraldo Vandré, Gil chorou. Anos depois, em 2019, em entrevista a Lucas Fróes para a BBC Brasil[47], ele riu da memória: "Eu não me lembro, gozado. É possível, primeiro porque Carlos Coqueijo não ia inventar isso da cabeça dele, segundo porque eu sou chorão mesmo", admitiu ao ser confrontado com uma resenha do jurista e músico Carlos Coqueijo (1924-88) publicada no *Jornal da Bahia* que, segundo o jornalista da BBC, "foi o mais completo relato sobre o *Nós, por exemplo* a sair na imprensa". Nessa matéria, o jornalista revela que Djalma teria guardado desde então uma fita com o registro do show completo, uma raridade que ele planejava trazer a público através de um documentário, até o momento inédito.

Gil se formou em Administração de Empresas em 1964 e, em março do ano seguinte, realizou seu primeiro show individual em Salvador, intitulado *Inventário*, no Teatro Vila Velha, sob direção de Caetano. Também em 1965, Gil se mudou para São Paulo acompanhado de sua primeira esposa, Belina de Aguiar Gil Moreira, com quem se casara em maio. Em junho, começou a trabalhar na Gessy Lever e ficou entre São Paulo e Campinas até se estabelecer no bairro do subúrbio Cidade Vargas,

---

47 Lucas Fróes, "Gravação inédita revela show que lançou Gil, Caetano, Bethânia e Gal em 1964", *BBC News Brasil*, 3 mar. 2019, disponível em: <https://www.bbc.com/portuguese/geral-47361618>, acesso em: set. 2022.

na capital paulista. De dia, ele se vestia formalmente. De noite, frequentava bares, teatros e casas de amigos.

Caetano havia embarcado para o Rio de Janeiro com Maria Bethânia após Nara Leão indicá-la para substituí-la no espetáculo *Opinião*. Agora, estavam todos no Sudeste e se juntavam para criar outro show, apresentado em setembro de 1965 no Teatro de Arena de São Paulo, intitulado *Arena canta Bahia*, sob direção do dramaturgo Augusto Boal, responsável também pelos textos. Além de Caetano e Gil, participaram Maria Bethânia, Maria da Graça (Gal Costa), Tom Zé, o compositor Piti, Jards Macalé na guitarra, Roberto Molim (bateria) e Benê Dantas (flauta). Com direção musical de Caetano, Gil e Jards, o grupo levou aboios, canções do folclore baiano, muita canção de Dorival Caymmi e algumas composições próprias ao palco.

Nessa época, começaram a surgir as primeiras parcerias com os letristas José Carlos Capinan e Torquato Neto. Em outubro, Gil gravou pela RCA Victor um compacto simples com as músicas "Procissão", dele, e "Roda", parceria com João Augusto, diretor de teatro e professor na Companhia Teatro dos Novos. No mesmo mês, participou do IV Festival da Balança da Universidade Mackenzie com a canção "Iemanjá", uma parceria com o ator baiano Othon Bastos, o Corisco do aclamado filme *Deus e o Diabo na Terra do Sol*, lançado pelo diretor Glauber Rocha em 1964.

Em 1966, com o nascimento de Nara de Aguiar Gil Moreira em 22 de fevereiro, Gil se tornou pai de menina. No meio do ano, ele já era destaque no programa *O Fino da Bossa*, apresentado por Elis Regina na TV Record, e começou a se preparar para gravar seu primeiro LP. A música passou a tomar mais espaço em sua vida e Gil se mudou para o Rio, abandonando o emprego na Gessy Lever. Sua faceta compositor fora ressaltada por Gal Costa e Elis em festivais nos quais elas participaram com "Minha senhora" (parceria com Torquato Neto) e "Ensaio geral", respectivamente. A de cantor ganhou mais força com o lançamento do primeiro compacto pela Philips, contendo essas mesmas canções apresentadas pelas cantoras. No fim de 1966, ele subiu ao palco do Teatro Opinião com Bethânia e Vinicius de Moraes para o show *Pois é*, que tinha roteiro de José Carlos Capinan, Torquato Neto e Caetano Veloso, direção musical de Francis Hime e direção geral de Nélson Xavier.

O ano de 1967 começa com Gil se dividindo entre Rio e São Paulo após o convite da TV Excelsior para comandar o programa *Ensaio Geral*. Em 3 de fevereiro, nasce sua segunda filha com Belina, Marília de Aguiar Gil Moreira. Nesse mesmo mês, Gil embarca para a experiência pernambucana que mudaria sua maneira de pensar a música. Quando retorna, seu casamento com Belina chega ao fim e se inicia um processo que vai acabar na ruptura com o banquinho e o violão que estampam a capa e a alma de seu primeiro LP, *Louvação*, lançado em maio, já com sua mente em ebulição e um novo relacionamento, agora com Nana Caymmi, se estabelecendo em seu coração.

O relacionamento com Nana dura pouco mais de um ano, de maio de 1967 até o fim de 1968, quando Sandra Barreira Gadelha se aproximou através de sua irmã, Dedé, mulher de Caetano. Nesse meio-tempo, Gil mudou completamente. Já em conversa com Caetano sobre os novos rumos que pensava em seguir, mas ainda no clima de *Louvação* e um pouco encantado com Elis Regina, aceitou o convite da cantora para participar da Marcha Contra a Guitarra Elétrica, em julho de 1967, em São Paulo. Talvez essa seja uma das poucas manchas na biografia do homem que nunca demonstrou qualquer tipo de preconceito. Afinal, três meses depois ele estava em cima do palco, em um festival, acompanhado pelos instrumentos elétricos dos Mutantes, implantando o embrião do movimento tropicalista.

RESTAURAÇÃO
MEDITAÇÃO E SEXUALIDADE

DOCE MANGA VENHA SER TAMBÉM: MACROBIÓTICA, EUBIOSE E RELIGIÕES

A espiritualidade sempre acompanhou Gil. Criado no catolicismo, ele encontrou o candomblé tardiamente, como costuma contar:

> Na rua dos Marchantes, em Salvador, moravam minha tia, minha avó. No fim da rua, dobrando para chegar à igreja dos Quinze Mistérios, tinha uma bandeira branca enorme no telhado de uma casa. Eu perguntava a elas do que se tratava e as respostas eram sempre meio evasivas. De vez em quando, até falavam a palavra "candomblé", mas era tudo muito evasivo. O mundo do candomblé não existia na minha família. Passou a existir para mim quando eu me interessei pela dimensão cultural das contribuições africanas, afro-brasileiras. Aí o candomblé chegou naturalmente,

necessariamente. A primeira vez que fui a um terreiro de candomblé foi quando voltei do exílio. Foi uma adesão tardia.[48]

Quando foi preso, buscou a leveza fora do seu corpo para fortalecer o pensamento: dispensou a carne. A mudança de hábito alimentar se deu por causa de John Lennon e Yoko Ono. O primeiro contato de Gilberto Gil com a alimentação macrobiótica foi através de uma reportagem que trazia o ex-Beatle e sua mulher se dizendo adeptos de uma dieta que valorizava os alimentos cozidos, baseada em cereais integrais, legumes e vegetais. Gil lembrou desse papo quando estava encarcerado e sentiu necessidade de ingerir alimentos mais leves. O músico procurou ainda fazer uma limpeza espiritual através de reflexões e, claro, da criação das novas canções. Aderiu à ioga, exercitou diariamente relaxamento e respiração.

Fora da prisão, ele manteve os hábitos, sem ser radical. A consequência era perceptível em sua figura: Gil emagreceu bastante e sua expressão corporal ficou mais leve. Em uma entrevista dada à atriz e escritora Odete Lara durante um festival de cinema na Alemanha, publicada no jornal *O Pasquim*, em 15 de outubro de 1969, Gil confessou que não gostava de como seu corpo se apresentava. "Não nego que gosto de ser magro. Sempre tive pavor de gordura e, apesar disso, sempre fui gordo", diz ele, antes de ouvir a repórter lembrar que Chico Buarque só o chamava de "redondinho": "Agora, emagreci, perdi dezoito quilos, estou com os ossos aparecendo. Acho ótimo."[49]

Livrar-se dos quilos indesejados permitiu que Gil mandasse embora também o peso na forma de ser.

---

48 Entrevista realizada em abril de 2020.

49 Entrevista reproduzida em Gilberto Gil, *Encontros, op. cit.*, p. 39.

Gil declarou a Nelson Motta em matéria publicada no jornal *O Globo*, em 1976:

> Comecei a ficar mais manso. A querer ser mais manso. A ser mais dócil, mais tolerante. Em todo o meu processo de autotransformação, à medida que me submetia por livre vontade a uma disciplina rígida, me tornava mais elástico e tolerante em relação ao mundo e às pessoas: essa é a função da renúncia, da disciplina, da ascese. É uma coisa que, aliás, Rogério Duarte disse um dia: "A disciplina é doce; a indisciplina é que é amarga". Quer dizer: há recompensa.[50]

Nessa mesma matéria, Nelson Motta apontou Rogério Duarte como uma figura muito importante para a transformação de Gil, quando começou também a estudar o pensamento oriental, a meditar, a buscar a disciplina interior e o ascetismo. O artista plástico foi o autor da maioria das capas de discos dos artistas baianos durante a tropicália, é o responsável pelo símbolo da trilogia "Re" estampado na contracapa do *Refazenda* e, como escreveu Motta, "era conhecido, para uns como 'um sábio', para outros 'um louco'".

Na entrevista a Nelsinho, disse Gil ao jornalista:

> Os meses que eu fiquei compondo, quando fiz "Volks Volkswagen Blue", "Alfômega" [registrada por Caetano Veloso em 1969] e essas coisas todas, foi um período que eu estava morando com Rogério. Só eu e ele, numa casa isolada nas dunas da Bahia. Foi uma época em que a gente conversava muito sobre ioga e que a gente fazia macrobiótica. Inclusive a faixa "Objeto semi-identificado" [parceria com Rogério Duarte

---

[50] Nelson Motta, "Vidas, paixões e glórias de Gilberto Gil – 3º movimento: o sonho e o sábio", *op. cit.*

> e Rogério Duprat], é eu e ele dizendo textos espontâneos que a gente escrevia nas horas da meditação.[51]

Isso aconteceu entre a prisão e o exílio, em 1969, durante a temporada que Gil passou na Bahia. Ainda na conversa com Nelson Motta, o músico reconheceu que aquele foi o momento certo para se disciplinar:

> Era o oposto de tudo que eu tinha vivido até aqueles dias. Eu era muito indisciplinado [...] E minha hora foi aquela, a hora em que eu tive que me disciplinar. [...] Foi justamente na hora em que eu estava no chão, que a vida me derrubou, passou a perna em mim, que descobri que tinha que recomeçar tudo. Foi quando comecei a pensar em mim. Não no sentido de um cultivo mais intenso do ego, de um possível ego mundano, mas pensar em mim como planta, capinzinho na beira da estrada que cresce ali, anônimo, e que se relaciona com as forças da natureza em suas formas mais secretas, sem que ninguém dê por isso. Foi um voltar para dentro nesse sentido, de buscar um embriãozinho de vida, espontânea, que ainda pudesse haver dentro de mim e... aí começou.[52]

Durante a prisão domiciliar, Gil mergulhou no estudo comparativo das religiões em uma busca por sua religiosidade mais profunda, algo que no período do exílio ocupou mais ainda o seu tempo. Na mesma entrevista, contou:

> Por mais guerreiras que elas sejam entre elas mesmas, no fundo é uma coisa só, única. Mas

---

51 *Ibidem*.
52 *Ibidem*.

> daí veio para mim o interesse pela comparação Oriente-Ocidente, as descobertas. Despertou em mim uma visão da ciência como oposição necessária e complementar da arte e da poesia.[53]

Anos depois, ele reconhece:

> Quando voltei do exílio, tinha ampliado na Inglaterra o meu interesse pela religiosidade através da macrobiótica, que me levou para o zen; o zen me levou para o budismo; e o budismo me levou para tudo aquilo mais. E daí para as ciências milenares de várias cidades ocultas. E essa coisa toda acabou desembocando na eubiose.[54]

DA LEVEZA PELO AR

No exílio, Gil chegou a experimentar a gastronomia jamaicana. Em Londres, no começo dos anos 1970, morou na Portobello Road, em Notting Hill, e conheceu a comunidade West Indian, formada por jamaicanos. Foi lá que aprofundou seu contato com o reggae, absorveu Bob Marley como mais uma de suas grandes influências e, já envolvido com a macrobiótica, provou a mistura das cozinhas africana e inglesa: predominavam peixes, aves, arroz, legumes, frutas, especiarias e o sabor picante da variedade de temperos.

A leveza do corpo auxiliava na busca pela leveza da alma, com a ajuda da eubiose, filosofia que agrega duas buscas essenciais do artista: a transcendência pelo bem da vida, professando a paz. Na volta ao país, em 1972, Gilberto Gil se encontrou com sua religiosidade de matriz ancestral, o candomblé (ainda sem se aprofundar tanto quanto fez

---

53 *Ibidem*.
54 Entrevista realizada em maio de 2020.

na época do *Refavela*), e continuou mergulhando profundamente em outras filosofias. Entre elas a eubiose, levado pelas mãos do amigo e compadre, o músico, pesquisador e professor suíço-brasileiro radicado em Salvador Walter Smetak.

Segundo definição da Sociedade Brasileira de Eubiose, a prática prega o

> viver em perfeita harmonia com as leis universais. [...] É a ciência da vida, a sabedoria iniciática das idades. É vivenciar um conjunto de conhecimentos, cujo objetivo primordial é congregar, construir e religar integralmente as dimensões do sagrado, profano, divino e humano.[55]

Criada em 1921 pelo baiano Henrique José de Souza, a filosofia faz estudos ocultistas relacionados com o processo de evolução humana, conforme explicam as regras, "trabalhando, portanto, para além dos estudos de religiões comparadas, a Sociedade Brasileira de Eubiose apresenta manancial próprio de saberes que segue do conhecimento sobre a natureza oculta do corpo humano às visões sobre a cosmogênese"[56]. Gil relembra:

> A eubiose propriamente dita, aquele contexto de instituição criada pelo professor Henrique José, isso tudo já estava associado a outro campo meu de busca pelas interseções entre filosofia oriental e religiosidade ocidental. Os livros de vários autores europeus em relação a tudo isso já estavam no bojo da minha especulação sobre filosofia oriental. Quando encontrei o Smetak,

---

55 Definições e regras podem ser acessadas no *site* oficial da Sociedade Brasileira de Eubiose, disponível em: <https://www.eubiose.org.br/a-sociedade/>, acesso em: set. 2022.

56 *Idem*.

> ele me disse: "Tem aqui esse negócio do professor". Isso se deu quando eu voltei do exílio. Havia aquela pirâmide triangular em Itaparica, do outro lado da cidade, para a qual a gente ficava olhando. Aquilo ali é uma embocadura, é um dos lugares. Uma das três embocaduras é ali. A outra é em São Lourenço [Minas Gerais]. E a outra é no Roncador [Mato Grosso]. Essas coisas. Essa coisa esotérica e as teorias sobre Atlântida.[57]

O diálogo com a busca de Gil estava travado, e a eubiose reforçou nele a existência desses universos paralelos, que desprenderiam energias de dentro para fora. O sorriso passou a estampar seu rosto mais do que nunca e a fala mansa virou sua marca registrada. Mesmo depois de tudo o que vivera, não se encontrava raiva ou amargura em seu olhar ou comportamento. A partir desse momento, muitas de suas composições passaram a relacionar arte, ciência e misticismo.

A partir da década de 1980, ele fez um mergulho ainda mais intenso nas questões que ligam céu e terra: os álbuns *Luar (A gente precisa ver o luar)* (1981), *Um banda um* (1982), *Extra* (1983) e *Raça humana* (1984) são exemplos dessa busca pela luz, pela transcendência, pelo espírito. Em 1997, ele incluiu uma canção inspirada pela eubiose, "Objeto sim, objeto não", no álbum *Quanta*. Essa faixa já havia sido gravada por Gal Costa em seu disco de 1969, e aparece em dois ao vivo de Gil registrados na década de 1970 e lançados posteriormente, *O viramundo ao vivo* (gravado em 1976 e lançado

---

[57] Entrevista realizada em maio de 2020. Ao falar em "embocadura", Gil cita três templos da Sociedade Brasileira de Eubiose: um localizado em Itaparica; outro na cidade mineira de São Lourenço; e mais um na região localizada no município mato-grossense Nova Xavantina, na região da serra do Roncador.

em 1999) e *Ao vivo na USP* (gravado em 1973 e lançado em 2017, no boxe *Anos 70 ao vivo*).

No entanto, Gil nunca foi muito rígido consigo mesmo nem radical. Não escolheu seguir uma só religião e, bem antes de sofrer de insuficiência renal crônica, em 2016, ele começou a variar sua alimentação. Rindo, ele confessa:

> Depois de um período de vegetarianismo, mais restrito na época macrobiótica, voltei a comer carne. Mas eu já comia de vez em quando. Uma vez, cheguei para uma consulta com Tomio Kikuchi [referência da macrobiótica, faleceu em 2019] e ele me disse: "Pois é, lhe entregaram aqui. Escreveram para mim para dizer que te viram comendo carne de porco". E eu disse: "Pois é, estava mesmo, professor". É a carne que eu mais gosto.[58]

TEU CORAÇÃO

Em sua matéria, além das falas potentes de Gil, Nelson Motta narra o comportamento dele, incluindo no texto, em certo momento, um flagra da vida privada:

> Quando Gil falava, Sandra entrou no quarto. Ele continuou sentado de pernas cruzadas na cama, em postura de ioga. Ela veio alegre, beijou-o e contou animada as novidades do dia. A família está morando temporariamente num apartamento alugado no fim da av. Atlântica, enquanto ficam os Doces Bárbaros [em cartaz] no Canecão. A "residência oficial" de Gilberto Gil é na Bahia. [...] E Gilberto Gil está sempre consigo mesmo. Mesmo quando esteve fazendo um recente,

---

[58] Entrevista realizada em abril de 2020.

triunfante, estafante *tour* nacional com o show *Refazenda*. Foi seu disco de maior sucesso e repercussão desde que voltou ao Brasil e, da mesma forma, seus shows exibiam um Gil em plena maturidade criativa e cheio de um entusiasmo contagiante.[59]

A "postura de ioga" é a mesma que Gil mostra na capa do *Refazenda*. A matéria foi publicada em 20 de setembro de 1976, cerca de um ano depois do lançamento do álbum e dois meses após mais um episódio de truculência do regime militar com Gilberto Gil: ele foi preso em Florianópolis por porte de maconha com o baterista Francisco Edmundo de Azevedo, o Chiquinho Azevedo, durante uma passagem pela capital catarinense para uma apresentação dos Doces Bárbaros ao lado de Caetano Veloso, Maria Bethânia e Gal Costa. Dessa vez, já devidamente transcendido por toda a prática que adotara no encarceramento anterior e desenvolvera nesses anos todos, Gil transbordou tranquilidade durante seu julgamento e chegou a rir, parecendo um tanto irônico em sua reação a algumas falas de um representante do Ministério Público.

Em 7 de julho de 1976, Gil e Chiquinho foram presos pelo delegado Elói Gonçalves de Azevedo, famoso por perseguir "maconheiros" e surfistas, pois dizia que todo surfista era maconheiro. No dia 15, os músicos foram condenados a um ano de prisão, mas o juiz substituiu a pena pela internação em hospital psiquiátrico, o Instituto Psiquiátrico de São José, na região metropolitana de Florianópolis. Gil e Chiquinho permaneceram lá por quatro dias e foram transferidos para a Clínica Psiquiátrica Botafogo, no Rio de Janeiro, em 20

---

[59] Nelson Motta, "Vidas, paixões e glórias de Gilberto Gil – 3º movimento: o sonho e o sábio", *op. cit.*

de julho. A liberação definitiva da internação foi concedida um mês depois, sob a condição de que os músicos não abandonassem o tratamento, que incluía consultas médicas a cada dez dias.

Durante o julgamento, o representante do Ministério Público declarou que

> não foi este o cidadão que foi preso em flagrante delito portando a erva maldita, que tanta infelicidade vive causando a milhares de lares brasileiros. Não foi o artista Gilberto Gil, e sim o criminoso Gilberto Passos Gil Moreira, que, ao invés de difundir sua brilhante música, encontrava-se, talvez inconscientemente, fazendo a difusão da droga tão combatida nos dias atuais. Temos a certeza de que esse fato servirá como exemplo a essa mocidade, que acompanha temerosa a conclusão desse inquérito. Pedimos a condenação do réu nas penas do artigo 281, parágrafo 1º, inciso 3º do Código Penal.[60]

Registrada pelo diretor Jom Tob Azulay, a cena ilustrou vários documentários sobre o músico ou sobre a época e foi sampleada por Marcelo D2 na música "4ª às 20h", presente no seu álbum *Assim tocam os meus tambores*, lançado em 2020.

Repórteres, cinegrafistas e fotógrafos se amontoaram na sala da 1ª Vara Criminal de Florianópolis para acompanhar as quase duas horas de sessão. Em texto que entrou para os anais, Gilberto Gil declarou em sua defesa que gostava da maconha e que seu uso não lhe fazia mal nem o levava a fazer o mal. Gil declarou que o uso da maconha o auxiliava sensivelmente na introspecção mística.

---

[60] Disponível em: <https://youtu.be/Q9zmXJgjE_Y>, acesso em: set. 2022.

"Fumar maconha podia ser contravenção, mas era também uma manifestação de amor à liberdade, ao arrojo, à aventura, à inovação. Eu me sustentava nisso. No interesse social, cultural, na experiência de transformação de *status* mental", declarou Gil anos depois ao livro *Gilberto bem de perto*, que na época teve ao seu lado pai, mãe, amigos, fãs e até uma freira lhe dando apoio:

> Recebi uma carta de uma freira do Amazonas, dizendo "é isso mesmo, meu filho, você está certo, não tem nada de absurdo nisso, não se avexe, não se abata. Estou rezando por você, Deus está com você". Todos compreendiam aquilo como excessivo da polícia. Acho que era uma coisa mesmo daquele delegado, resíduos da ditadura.[61]

QUE EU TE ENSINO A NAMORAR: SUPERMULHERES

Essa liberdade da qual Gil fala se refletia também no campo amoroso. O novo núcleo familiar de Gil, que tinha Sandra Barreira Gadelha Gil Moreira como "o hexagrama da torre, tirado do *I Ching*"[62], contava com Pedro Gadelha Gil Moreira, Preta Maria Gadelha Gil Moreira, nascida em 8 de agosto de 1974 no Rio de Janeiro, e a pequena Maria Gadelha Gil Moreira, que nasceu em 13 de janeiro de 1976 em Salvador. O *I Ching* era um dos livros de cabeceira do Gil naquele período, e o hexagrama faz referência às torres comuns na China antiga, normalmente construídas no cume de longínquas montanhas, que permitiam, de seu alto, uma visão do território ao redor. Sendo assim, o hexagrama traz a ideia de contemplação e de uma direção, de cima para baixo.

---

[61] Gilberto Gil e Regina Zappa, *Gilberto bem de perto*, op. cit.

[62] Carlos Rennó (org.), *Gilberto Gil: todas as letras*, op. cit., p. 221.

Para Gil, Sandra assumia esse papel de dirigente e foi nessa chave que ele compôs uma canção que leva o seu nome. Em seu comentário sobre "Sandra" no livro *Gilberto Gil: todas as letras*, ele revela:

> A que tomava conta de tudo; onde eu estivesse, o seu olhar espiritual me acompanharia; seu ente se espraiaria, estendendo-se por todas as mulheres com quem eu convivesse. A ela as mulheres citadas na letra remetiam por representarem o feminino, a minha sustentação naquele momento.[63]

Sandra não acompanhou Gil nessa turnê dos Doces Bárbaros, não foi a Florianópolis e, apesar de citada no final da composição, não é a Sandra do título. A que dá nome à canção, composta por Gil nos tempos de internação e lançada no álbum *Refavela*, em 1977, era uma tiete de Caetano Veloso de Curitiba, amiga da Andréia, que tietava Gil na capital paranaense e que também entrou na letra da canção (no verso "Andréia na estreia").

"Andréia era a menina que eu tinha conhecido em 1976, na passagem do show dos Doces Bárbaros pela cidade [...]. Tínhamos ficado juntos na ocasião, e ela que me levou a um armarinho para comprar as fitas com que me enlaçou os cabelos trançados", narrou ele no comentário reproduzido por Rennó no livro. A propósito, a Cíntia da canção ("Cíntia porque, embora choque, rosa é cor bonita") também era de Curitiba e deu a Gil uma boina cor de rosa – a que ele usou durante o julgamento. E Dulcina ("É santa, é uma santa e me beijou na boca") foi uma das enfermeiras do internato. "E Dulcina, que era a mais calada, a mais recatada de todas na clínica, a mais mansa – era como

---

63 *Ibidem*.

uma freira –, foi a única que um dia veio e me deu um beijo na boca"[64], relata Gil.

Sandra foi musa inspiradora de "Drão", presente no repertório de *Um banda um*, de 1982, e Gil até hoje brinca com sua mania de compor homenagens: "Isso é um problema, porque desde que você faz sua primeira música, como fiz para Belina, a vida inteira você tem obrigação de fazer música pra todo mundo"[65], gargalha, referindo-se à canção "Amor até o fim", sucesso na voz de Elis Regina e cantada por Maria Rita na gravação do DVD *Banda Dois*, de Gil. Para a terceira mulher, compôs "Flora" e "A linha e o linho".

Ainda no álbum *Refavela*, há uma faixa em que a liberdade aparece de forma poética. "No norte da saudade" é uma parceria com Moacyr Albuquerque e Perinho Santana (que não é o Perinho Albuquerque, irmão de Moacyr e arranjador do *Refazenda*), com letra de Gilberto Gil. Gil revelou a Carlos Rennó, para a edição ampliada e revisada do livro prevista para 2022, que:

> Ela vai em direção a novos encontros, deixando rastro. "Logo cedo, pé na estrada / Pra não ter porém"... Esse "porém" aí já tem um tom de lamentação ao mesmo tempo que busca explicitar o sentido da liberdade, o sentido do livrar-se daqueles momentos e deixá-los para trás: deixar a menina vivendo a saudade dela, eu levando a saudade dela pra outro lugar, pra outro encontro, pra outro momento. É uma canção seminal muito importante, de alta voltagem poética, eu acho. Associada a questões factuais, a toda uma cultura do *on the road*, dos anos setenta, do exercício das novas liberdades, dos novos

---

64 *Ibidem*.
65 Entrevista realizada em maio de 2020.

costumes, das novas expressões do amor, dos encontros, da sexualidade.[66]

As "novas expressões do amor" são mais velhas do que a civilização grega, mas o preconceito não permitiu que elas fossem naturalizadas como fez Gilberto Gil ao longo de sua trajetória. Se ainda hoje lutamos contra a homofobia no Brasil (e no mundo), nas décadas anteriores era mais difícil ainda. Em 1987, Gil participou do programa *Roda Viva* e, sentado no meio de uma roda de jornalistas e músicos que o sabatinavam, foi obrigado a responder com um seco "não" à pergunta direta da telespectadora Maria Cândida de Assis, feita pelo apresentador Augusto Nunes: "Você é homossexual?". Isso foi logo após o pesquisador musical e jornalista Zuza Homem de Mello fazer outra pergunta nessa mesma linha: "Você tem um procedimento de uns tempos para cá muito afeminado no palco..."[67].

Gil responde ironicamente, arrancando risos dos entrevistadores:

> Eu não me acho nada afeminado, no sentido, por exemplo, de que eu tente mimetizar um personagem feminino. Eu não sou... Eu falo normalmente... Eu acho que tem em mim um equilíbrio muito natural, muito visível entre o homem e a mulher, dos quais eu sou filho. Eu acho que eu contemplo tanto minha mãe quanto meu pai. Acho que tenho em mim tanto da minha mãe quanto tenho do meu pai. E eu não posso negar que minha mãe é uma mulher. Minha mãe não é um homem. Isso eu posso lhe afirmar.[68]

---

66 Conteúdo compartilhado por Carlos Rennó com a autora em janeiro de 2022.

67 Disponível em: <https://youtu.be/LLOybLvuaPo>, acesso em: set. 2022.

68 *Ibidem*.

No *Refavela*, Gil abriria mais o coração para assumir esse sentimento de liberdade que o invadiu, mas é no *Refazenda* que o caldeirão começa a esquentar a mistura de experiências que vinha tendo desde o exílio.

5

RECONSTITUIÇÃO
A MÚSICA E OS DISCOS NOS ANOS 1970

A SANFONA DE DOMINGUINHOS (PORQUE TODO TAMARINDO TEM)

Musicalmente, os anos 1970 trouxeram uma certa nostalgia para os brasileiros mais adeptos da produção internacional. Não à toa, surgiram muitos cantores brasileiros sendo empurrados para os ouvintes das rádios como estrangeiros: o truque usado pelas gravadoras era uma estratégia para vender mais discos. Fábio Jr., por exemplo, adotou o pseudônimo de Mark Davis. Muito antes de formar a dupla com Ralf, o sertanejo Chrystian, cujo nome verdadeiro era José Pereira da Silva Neto, era obrigado a cantar em inglês pelas gravadoras e seu disco de estreia teve na capa o rosto de um modelo que não era ele. Ivanilton de Sousa Lima foi um dos que começaram nessa época e conseguiram seguir carreira usando o nome artístico americanizado, Michael Sullivan.

A turma da Jovem Guarda começou a desaparecer do circuito nessa mesma época. Em contrapartida, entrando nessa onda que a música internacional trazia para os ouvintes das rádios, Roberto Carlos foi lançando um disco romântico atrás do outro até, em 1976, alcançar o posto de primeiro artista brasileiro a vender 1 milhão de cópias de um álbum logo após seu lançamento. O feito foi realizado com o LP com seu nome, que trouxe as músicas "Os seus botões" e "Um jeito estúpido de amar". Erasmo Carlos, por sua vez, era um dos três roqueiros que sobreviviam no mercado junto a Rita Lee e Raul Seixas. Porém, o Tremendão se voltou para o soul e algum balanço que o levou a gravar, em 1971, o álbum *Carlos, Erasmo*, com a faixa "De noite na cama", escrita por Caetano Veloso especialmente para ele, que fez uma polêmica ode à maconha em outra música intitulada "Maria Joana".

Rita Lee começou bem a década nos Mutantes, que foram apadrinhados por Gil. Mas, expulsa da banda em 1972, arrombou a festa se perdendo e se encontrando em experiências com Lúcia Turnbull em As Cilibrinas do Éden e com o grupo Tutti Frutti. Ao lado deste último, fez história no rock nacional com LPs épicos. Baiano como Gilberto Gil, Raul Seixas penou no mercado da música até se encontrar com o futuro escritor Paulo Coelho e virar o jogo com as parcerias que o transformaram em mito.

No mercado internacional, os Beatles estavam dissolvidos, com Paul McCartney atuando com a banda The Wings desde 1971 e explodindo nas rádios em 1973, George Harrison sendo condenado em 1976 por ter "subconscientemente plagiado" uma canção em "My Sweet Lord", mas muito em alta por essa canção e por "Give Me Love". John Lennon havia se destacado pelo megassucesso "Imagine" e vinha se engajando politicamente e lutando pelo Greencard para ficar nos Estados Unidos, mas, a partir de 1975, virou o foco para sua vida amorosa com Yoko Ono, separando-se, voltando e gerando o filho Sean Lennon. Ringo Starr, até 1973, foi o ex-Beatle de maior sucesso: ele esteve mais vezes na lista dos Top 10 com singles do que os outros e estava com uma carreira no cinema. Em 1976, lançou o álbum *Ringo's Rotogravure*, com as participações de Eric Clapton, Peter Frampton, Paul McCartney e John Lennon, entre outros, e fez um sucesso modesto com "Hey Baby".

Variações do soul e do funk, que vieram a desembocar na música disco, tinham aparecido no início da década com Donna Summer, Bee Gees, ABBA, Chic e os irmãos The Jacksons. Enquanto o mercado musical tentava se entender com o que estava acontecendo, a MPB seguia negociando com os órgãos de censura a sua liberdade, ainda muito cerceada e com alguns de seus representantes em exílio.

Foi em 1972 que Gilberto Gil e Caetano Veloso voltaram do exílio para pouco a pouco se aproximarem do desbunde que estava por vir na virada do meio para o final da década. Em meio a tantas mudanças, mas com uma grande carência de música mais voltada para o existencialismo e os debates sobre raízes, vários jovens pernambucanos, cearenses e paraibanos migraram para o "Sul Maravilha" – como eles chamavam o Sudeste, repleto de oportunidades – para preencher essa lacuna no cenário.

A música nordestina estava sendo resgatada e renovada pelo Pessoal do Ceará – de onde saiu Ednardo – e por outros cearenses, entre eles Fagner. Belchior e Amelinha tentaram antes, mas só se estabeleceram na segunda metade da década. Outros restauradores foram os pernambucanos Geraldo Azevedo e Alceu Valença, que em 1972 lançaram *Geraldo Azevedo & Alceu Valença*, LP com arranjos do maestro tropicalista Rogério Duprat, gravado com a tecnologia quadrafônica, em moda na época.

Os paraibanos Zé Ramalho, Elba Ramalho, Cátia de França e Vital Farias também tentaram antes, mas só vingaram no final da segunda metade da década. Assim analisa Gil em *Gilberto bem de perto*:

> Eu vinha de uma aproximação muito grande com o rock, mas dei marcha a ré e me afastei dessa ponta da seta, voltando lá pro fundo da história. Não estava necessariamente solitário nisso, pois todo o pessoal que estava começando – como Alceu Valença e Geraldinho Azevedo – estava de certa forma com um compromisso com a música regional.[69]

SERÁS MEU PARCEIRO SOLITÁRIO

Fora eles, havia uma celebração ao sucesso do pernambucano Luiz Gonzaga, que no final dos anos 1970 fez as pazes com o filho, o carioca politicamente engajado Gonzaguinha. Tinha também um olhar para a cantora e compositora Anastácia, a Rainha do Forró, que desde fins dos anos 1960 vinha tentando um lugar ao sol ao lado de Dominguinhos, seu "namorido" (namorado que morava entre São Paulo, com ela, e Rio de Janeiro, com o núcleo familiar formado por sua primeira esposa). Os dois se envolveram durante uma turnê de Gonzagão em que Dominguinhos assumiu o acordeom e Anastácia abria o show com um número teatral.

No início dos anos 1960, Anastácia já era a Rainha do Forró em São Paulo, onde se radicou ao deixar Pernambuco, mas abriu mão de um relacionamento em que o companheiro e produtor não a deixava voar: Venâncio rasgava suas composições e escondia notícias sobre o sucesso de suas gravações em outros estados. O convite para acompanhar

---

[69] Gilberto Gil e Regina Zappa, *Gilberto bem de perto*, op. cit.

Gonzaga não só incentivou sua carreira como deu uma nova chance a seu coração.

Dominguinhos fora músico acompanhante de Luiz Gonzaga e tinha uma carreira solo paralela, com discos instrumentais não muito conhecidos. Ao longo de 12 anos de relacionamento com Anastácia, com quem compôs quase trezentas músicas, começou a cantar por incentivo dela, transpôs-se para o mundo pop ao entrar para a banda de Gal Costa e ser absorvido por Gil nessa fase de reconstituição da sua verdade musical. O pernambucano saiu aos poucos da condição de músico de bastidor para ícone da composição, e Gilberto Gil deu um bom empurrão ao gravar "Eu só quero um xodó", em 1973, para o compacto que alçou a composição ao posto de *hit* e de pavimento para a construção de *Refazenda*. Anastácia lembra como a gravação de Gil mudou a sua vida:

> Tocou em tudo quanto é rádio. Com esse dinheiro, fiz tanta coisa! Primeiro, paguei as contas atrasadas. Gravavam muita música minha no Nordeste, mas eu não via a arrecadação dos direitos autorais, como vejo hoje. Quando estourou "Eu só quero um xodó", passou a tocar nos grandes centros, onde tinha ponto de arrecadação. Me lembro que comprei meu primeiro carro zero, um Fusca azul, reformei minha casa, paguei as contas todas.[70]

A parceria com Dominguinhos restaurou o Nordeste em Gil. O acordeom que o baiano tocara na infância agora tocava seu coração e fazia crescer nele uma vontade enorme de retomar as raízes. Como forma de retribuir o sentimento, ele trouxe para *Refazenda* outra parceria do pernambucano com Anastácia, "Tenho sede", e colocou letra em

---

70 Entrevista à autora em março de 2018.

uma melodia do acordeonista, construindo com ele, em "Lamento sertanejo", mais uma crônica musicada da vida do nordestino na cidade grande.

A sintonia foi crescendo, desenvolvendo-se e levando Gil a começar o novo projeto antes mesmo de terminar o anterior. Enquanto ia encerrando uma turnê de shows com Chiquinho Azevedo, Tuti Moreno (que depois passou a assinar Tutty Moreno), Aloisio Milanez, Rubão Sabino e Fredera, Gil já ia fazendo uma outra gira de shows e adentrando em estúdio com Dominguinhos para o novo trabalho.

ENQUANTO O TEMPO... (ATIVIDADE INTENSA)

Enquanto se encontrava consigo mesmo, Gilberto Gil fez muitos shows e gravou faixas, várias, e alguns discos. Depois da volta do exílio, ele e Caetano voltaram a viver intensamente a Bahia. Em 1974, juntaram-se a Gal Costa para gravar o álbum *Temporada de verão: ao vivo na Bahia*, no Teatro Vila Velha, em Salvador. No mesmo ano, Gil subiu ao palco do Teatro Tuca, em São Paulo, para registrar o LP *Gilberto Gil: ao vivo*, só com canções inéditas. Pouco antes de entrar no ritmo de *Refazenda*, ele ainda dividiu um LP com Jorge Ben. *Gil & Jorge: Ogum Xangô* saiu em abril de 1975 como um verdadeiro show de improviso.

Jorge é de Ogum. Crescido no subúrbio carioca, é filho de um estivador e compositor com uma dona de casa. Gil é de Xangô. Criado entre o interior e a capital da Bahia, é filho de um médico com uma professora. As diferenças ficaram para trás quando se descobriram devotos do violão de João Gilberto e, mais tarde, da guitarra. Gil não se lembra exatamente quando eles se conheceram, mas certamente se esbarraram em bastidores de programas como *O Fino da Bossa* ou de festivais da canção. Em 1968,

Gil e Caetano Veloso comandaram um programa na extinta TV Tupi, o *Divino Maravilhoso*, e o já amigo Jorge Ben passou por lá. Anos depois, Gil e Jorge pensaram em um show juntos, mas os planos foram adiados porque Ben teve uma laringite. O disco surgiu de forma espontânea e foi o que eternizou a união.

Em 1975, o produtor André Midani, então diretor da gravadora Philips, convidou alguns artistas brasileiros para um jantar em sua casa, com o intuito de fazer uma homenagem a Eric Clapton. Recém-chegado à cidade, o guitarrista queria conhecer talentos locais, e Midani convidou Gilberto Gil, Caetano Veloso, Rita Lee, Erasmo Carlos, Jorge Ben, além do também inglês Cat Stevens, que estava passando uma temporada no Brasil. Gil, Jorge e os dois britânicos começaram uma animada *jam session*.

Stevens foi o primeiro a desistir, sendo seguido pelo Deus da Guitarra. Gil e Jorge mostraram um entrosamento tão grande que, além de afastarem os homenageados do palco, plantaram no diretor da Philips a vontade de ver aquele som em um LP. Aquele mesmo improviso visto na sala de Midani foi reproduzido no estúdio, com acompanhamento dos produtores Perinho Albuquerque, da trupe de Gil, e Paulinho Tapajós, da turma de Jorge, além do baixista Wagner Dias e o então recém-descoberto percussionista Djalma Corrêa. Desse disco, meses depois, Gil trouxe para o *Refazenda* a composição "Essa é pra tocar no rádio", gravada numa outra versão.

Em 1999, a Universal Music lançou um boxe intitulado *Ensaio geral*, contendo 11 CDs com registros dos tempos em que Gil era contratado da PolyGram. Nessa mesma caixa, produzida pelo pesquisador Marcelo Fróes, o show *Gilberto Gil em concerto*, realizado em 1972, na chegada ao Rio após o exílio, veio em forma de álbum duplo sob o nome *O viramundo ao vivo – 1972/1976*, que traz uma leitura em voz e violão de "Lamento sertanejo" registrada no Teatro Vila Velha de Salvador, em 1974. Entre os discos lançados em 1999, está o CD duplo *Cidade do Salvador*, contendo gravações feitas em estúdio entre 1973 e 1974, tudo arquivado na época.

"Foi uma surpresa descobrir que entre *Expresso 2222* e *Refazenda* ele gravou um disco inteiro. Os arquivos não falam desse disco. O tempo foi passando e ele não lançou, não sei por quê", declarou o pesquisador Marcelo Fróes em entrevista a Pedro Alexandre Sanches para a *Folha de S.Paulo*[71]. Na mesma reportagem, Gil respondeu (ou não): "Naquela época, ficou incompleto. Não teve título, nem ordem de faixas. Gostaria que tivesse saído, embora eu mesmo tenha decidido não lançar. Não lembro bem por quê, talvez tenha percebido que seria um disco muito solto, desamarrado das exigências do mercado".

De acordo com a crítica publicada pela *Folha de S.Paulo*[72], "*Ensaio geral* é mais importante que a mera reposição de elos perdidos da trajetória de Gilberto Gil. Pelo encontro com o que ele fez e não lançou, pode-se chegar não só a um Gil que poderia ter sido e não foi, mas também à compreensão de todo um período histórico brasileiro, de 1966 a 1977". O jornalista afirma ainda que "por *Ensaio geral* se deslinda uma trajetória clara da política rumo

---

71 Pedro Alexandre Sanches, "Baú de Gil liberta 88 raras e/ou inéditas", *Folha de S.Paulo*, 5 mar. 1999, disponível em: <https://www1.folha.uol.com.br/fsp/ilustrad/fq05039923.htm>, acesso em: set. 2022.

72 *Idem*, "'Ensaio geral' auxilia compreensão histórica do Brasil dos 60 e 70", *Folha de S.Paulo*, 5 mar. 1999, disponível em: <https://www1.folha.uol.com.br/fsp/ilustrad/fq05039924.htm>, acesso em: set. 2022.

ao cosmo, da cultura rumo à natureza. Em meio a ela, houve um AI-5 e, para o artista, um exílio".

A caixa não trouxe *Refazenda* (1975) nem *Refavela* (1977), ambos da Philips, mas anos depois relançados pela WEA (hoje Warner Music), para onde Gil migrou depois de não conseguir negociar na antiga gravadora uma ajuda de custo para a compra e adaptação de um ônibus para suas turnês. Em uma entrevista a Marcelo Fróes, Marcos Petrillo e Haroldo Zager para a revista *International Magazine* de 19 de abril de 1995, Gil conta ainda que André Midani estava fazendo a instalação da Warner no Brasil e, ao ouvir os lamentos do baiano, ofereceu-lhe um adiantamento que permitiu que ele e banda fossem para a estrada:

> Se você quisesse desenvolver um trabalho de penetração pelo interior, com banda e tudo, você precisava de transporte. Eu queria comprar um ônibus de segunda mão e precisava de Cr$ 900 mil... Cr$ 1 milhão! O ônibus custa Cr$ 400 e pouco, Cr$ 500 mil. Mas precisava de adaptação e chegava quase a Cr$ 1 milhão. Foi aí que eles decidiram negociar comigo... e eu saí procurando alguém que me quisesse.[73]

Também não estão na caixa *Ensaio geral* os álbuns coletivos *Tropicália* (1968) e *Doces Bárbaros* (1976), segundo a resenha na *Folha*, "indispensáveis à compreensão global do caso – o que há de novo não muda o perfil de Gil, mas o acentua"[74].

"Um Gil que poderia ter sido e não foi", diz Pedro Alexandre Sanches na resenha. Mas o que nos levaria a crer que Gil queria ser algo diferente

---

73 Entrevista reproduzida em Gilberto Gil, *Encontros*, op. cit., p. 212.

74 Pedro Alexandre Sanches, "'Ensaio geral' auxilia compreensão histórica do Brasil dos 60 e 70", *op. cit.*

do que enxergamos hoje através dos álbuns que ele quis lançar? Gil cancelou uma série de registros ao longo de sua história e, entre 1973 e 1974, foram muitos, inclusive esse disco inteiro resgatado no fim dos anos 1990 como *Cidade do Salvador*. O imenso repertório apresenta faixas gravadas em estúdio e não aproveitadas. Algumas saíram em compactos raros; outras, em versões diferentes; e algumas ficaram totalmente inéditas. E foram essas tentativas e erros que o ajudaram a construir *Refazenda*, álbum que viria logo depois, em 1975, e mostraria o que, naquele momento, ele queria ser.

ANOITECERÁ MAMÃO

Cidade do Salvador traz parcerias de Gilberto Gil com o artista plástico Rogério Duarte ("A última valsa"), Caetano Veloso ("Iansã") e Duda Machado ("Doente, morena"). Há seis faixas assinadas somente por ele, uma de Germano Mathias e Doca ("Minha nega na janela"), uma de Dorival Caymmi ("Rainha do mar") e uma de Dominguinhos e Anastácia ("Eu só quero um xodó"). O álbum era para ter outro nome e ter sido lançado ali por 1974, mas Gil estava mais interessado em encontrar uma unidade, uma inspiração para um novo disco, e não apenas uma costura de canções, ou mover sua energia em prol de pequenos êxitos.

> Sempre tinha essa questão sobre os segmentos de consumo, se os consumidores estavam mais associados a um compacto simples, a um compacto duplo ou a um LP. Isso era resultado de uma política discográfica de mercado e que era consensuada entre gravadora e artistas. Era natural que nós estivéssemos interessados na expansão do mercado. Do ponto de vista mercadológico e também cultural, a gente queria

ver nossas canções chegando ao público. Mas eu não fiz música pensando em massificar a audição radiofônica. Talvez, para mim, isso tenha ocorrido com "Aquele abraço". Talvez ali eu tenha me utilizado dessa estratégia.[75]

Com a mesma banda de *Umeboshi*, show que realizou em 1973 e virou CD em 2017, lançado na caixa *Anos 70 ao vivo*, Gil entrou no estúdio de oito canais da PolyGram para gravar o disco de carreira que sucederia *Expresso 2222*. Saíram 25 canções com Gil e seu violão ou sua guitarra acompanhado ora por Tutty Moreno na bateria ou percussão, ora por Chiquinho Azevedo na percussão, ora por Rubão Sabino no baixo, ora por Aloisio Milanez no teclado. Já nas primeiras sessões, conforme conta Marcelo Fróes no texto do encarte de *Cidade do Salvador*, Gil registrou "Eu só quero um xodó" para ser lançada pela gravadora Philips, em 1973, em um compacto simples cujo lado A trazia "Meio de campo", composição de Gil. Para essas duas faixas, ele convidou Dominguinhos e seu acordeom para acompanharem o seu violão, Tutty Moreno, Rubão Sabino, Aloisio Milanez e Chiquinho Azevedo.

Gil conheceu Dominguinhos nos bastidores do show *Volta pra curtir*, de Luiz Gonzaga, em 1972, e se encantou mais ainda quando o viu acompanhando Gal Costa numa turnê – a convite do empresário da cantora, Guilherme Araújo, o acordeonista integrou a banda que gravou o álbum *Índia*, no qual Gil tocou violão e assinou a direção musical. Em janeiro de 1973, eles compartilharam alguma intimidade durante a viagem à Europa que levou Gil, Gal e outros nomes como Jorge Ben ao palco do Festival Midem, maior evento do mercado da música que se realiza anualmente em Cannes, na França. Dominguinhos foi um pouco a contragosto,

---

75 Entrevista realizada em maio de 2020.

porque ele odiava andar de avião, mas um tanto ansioso porque lhe foi prometida ajuda na compra de seu primeiro acordeom elétrico.

Da França, foram todos para Londres, velha conhecida de Gil, e onde o baiano costumava encontrar os melhores instrumentos. Gil lembra, reforçando que foi Dominguinhos o responsável por introduzir no meio do forró uma marca ítalo-americana muito usada pelos jazzistas estadunidenses:

> Visitamos duas ou três lojas e acabamos achando a sanfona que Dominguinhos queria. Eu emprestei o dinheiro para ele comprar o acordeom usado. Era mais conveniente comprar usado, porque já estava amaciado. Ele queria um da marca Giulietti, porque era muito fã dos acordeonistas franceses e americanos que usavam esse instrumento.[76]

Em fevereiro, iniciaram-se as gravações do disco que foi cancelado e, em março, saiu o compacto que impactaria na carreira de Gil: "Eu só quero um xodó", de Dominguinhos e Anastácia, era o lado B do compacto simples; no entanto, foi o xote do casal de pernambucanos que estourou no Brasil todo. Gil rememora:

> A música que era pra ser tocada no rádio, como estratégia da gravadora para massificar, era "Meio de campo". Aí, o [radialista] Cristóvão Rodrigues, na Bahia, ouviu o lado B e disse: "O ouro está aqui no lado B". E virou todo o projeto que estava sendo feito pela gravadora e os DJs da época. "Eu só quero um xodó" começou a tocar em Salvador e, depois, pelo Brasil todo.[77]

---

76 Entrevista realizada em abril de 2020.

77 *Idem*.

Nessas mesmas sessões, Gil lançou o compacto simples que juntou "Maracatu atômico", composição de Jorge Mautner e Nelson Jacobina, e "Preciso aprender a só ser", canção composta para Maria Bethânia. A canção de Mautner e Jacobina era um sucesso quando Gil a levava aos palcos e também virou hit quando o compacto foi lançado, em fevereiro de 1974.

GUARIROBA

Entre 1973 e meados de 1974, não saiu disco, mas Gil não saiu dos palcos, não largou seus violões Di Giorgio nem saiu de perto dos grandes músicos que reuniu. O baterista Tutty era baiano também, conhecia Gil desde os anos 1960, teve seu primeiro encontro musical com ele em Londres – durante o exílio – e acabou acompanhando-o nas gravações de *Expresso 2222* e nos palcos até 1974, quando se mudou para os Estados Unidos. O baixista Rubão Sabino vinha da experiência no grupo Abolição, de Dom Salvador, hoje reconhecido como um dos maiores atos de resistência à censura e ao racismo no início dos anos 1970.

O tecladista Aloisio Milanez e o percussionista Chiquinho Azevedo estavam entre os músicos também. Depois de uma temporada em Salvador, a banda de Gil absorveu também Fredera, que na época assinava Frederiko e fora guitarrista solo do grupo Som Imaginário, criado para acompanhar Milton Nascimento, mas que ganhou vida própria. O encontro com Fredera se intensificou no início de 1974, no verão, quando Gil e Caetano curtiam a Bahia. Gil recebeu os músicos em uma casa alugada na praia de Itapuã, com vários quartos, muitas funcionárias trabalhando para manter a ordem e, segundo lembra um músico que passou por lá, muito hormônio circulando. Gil estava casado com Sandra, já era pai de Pedro – nascido em 1970 – e naquele mesmo ano, em agosto, ela daria à luz Preta.

Gil e sua nova banda, apelidada de Neura por causa dos atritos entre os músicos, fizeram um circuito universitário circulando por 27 cidades em trinta dias. Fredera montava o som e pulava para o palco, enquanto sua esposa, Vera Romanelli, grávida, assumia os botões (segundo ele, Vera foi a "primeira mulher técnica de som" da música brasileira). Em outubro de 1974, Gil e a banda subiram ao palco do Teatro Tuca (São Paulo) para registrar o LP *Gilberto Gil: ao vivo*, com canções inéditas que mostram a liberdade do artista no palco: "João Sabino", por exemplo, tem mais de 11 minutos, algo que nem sempre era muito bem aceito pela plateia.

Muito se viveu durante essa intensa turnê, e nem tudo deu certo. Teve show em que a plateia, cansada das experimentações no palco, foi esvaziando. E teve show em que os músicos viveram sensações catárticas. Uma delas quase levou Gil para a prisão pela segunda vez (a de Florianópolis ainda não tinha acontecido). Durante um show em Campinas, Gil cantava "O rouxinol" quando resolveu fazer um discurso. No meio da música, deu a entender que policial e ladrão eram, no fundo, duas faces da mesma moeda. Na plateia, havia um comandante da Polícia Militar acompanhando a mulher e as filhas. Ao final do show, ele subiu ao palco e deu voz de prisão ao cantor.

O policial não era do time dos truculentos e foi sincero: "Minha mulher e minhas filhas me obrigaram a vir aqui, porque eu não gosto desse tipo de show. Eu tive que deixar uma cerimônia que estava acontecendo no quartel para vir aqui trazê-las e ouço que eu sou igual ao ladrão?". Com seu jeito inabalável e com a doçura que lhe é peculiar, Gil começou a conversar com o homem fardado, enquanto Fredera se chegava, já imaginando que teria que dar um telefonema ao tio comandante da Aeronáutica naquela mesma cidade. Quando viram, estavam todos envolvidos no assunto e a despedida foi entre abraços. Evitou-se um segundo encarceramento, esse que viria em 1976, durante a turnê dos Doces Bárbaros.

"Ele é frio pra caralho! Ele tem o corpo fechado, tem horda de Egum, Exu, tudo em torno dele", afirma o guitarrista, impressionado ainda hoje com o ocorrido:

> Naquele dia, em Campinas, baixou uma turma em cima da gente... O Gil incorporou um santo e aquela fala não foi dele, mas do santo. Nós fizemos uma viagem musical naquele "O rouxinol" que é indefinível. A gente viveu isso. Foi um episódio sobre o qual nunca voltamos a falar. Só faltou a gente levitar.[78]

Dessa fase, foram parar em *Refazenda* duas faixas: "O rouxinol", registrada em um dueto de Gil com sua guitarra e Frederiko (o Fredera, cujo nome aparece assim no encarte) estreando o novíssimo violão Ovation que acabava de chegar dos Estados Unidos por encomenda de Gil; e "Essa é pra tocar no rádio", gravada por Tutty, Aloisio, Rubão e Chiquinho para o disco que futuramente seria lançado como *Cidade do Salvador*, mas incluída no álbum de 1975 com o acordeom de Dominguinhos e a voz de Gil dobrada. Tutty Moreno lembra que a faixa foi composta de forma muito criativa em uma época fértil e de muita improvisação musical:

> Os produtores do Gil, assim como a gravadora, queriam uma música que tocasse no rádio e tentaram convencer o Gil a compor algo comercial, de no máximo dois minutos. Os temas do

---

78 Entrevista à autora em junho de 2021.

> Gil, nessa época, eram longos, improvisados. Não haveria jabá que conseguisse emplacar um deles. E ele... "É isso que querem? Então vamos lá: 'Essa é pra tocar no rádio'!" Óbvio que essa música estava (nessa época) fadada a não acontecer. E, que eu me lembre, não houve nenhum sentimento de descontentamento da nossa parte. Era o contrário do que estávamos fazendo. Claro que não iria vingar.[79]

Dessas apresentações e registros, houve um que ficou inédito por mais de quarenta anos. A faixa "Rato miúdo", do compositor baiano Jorge Alfredo, fazia parte do repertório de shows e ganhou uma leitura gravada por Tutty, Aloisio, Rubão e Chiquinho, mas foi vetada pela Censura e não entrou em *Refazenda*. Em texto publicado no *site Caderno de Cinema*, Jorge explicou que a canção teve sua circulação proibida porque reproduzia os dizeres de seu certificado de reservista: "Por ter sido julgado incapaz, definitivamente, podendo exercer atividades civis"[80]. A gravação foi parar no YouTube em 2016, no canal do próprio autor[81].

O desfecho da parceria entre Gil e a banda não foi dos mais felizes. Tutty não chegou a sofrer a despedida porque, naquele 1974, decidiu se mudar para os Estados Unidos. Já Fredera e Rubão souberam que Gil estava gravando o *Refazenda* com outros músicos quando o disco estava quase pronto.

---

79 *Idem*.

80 "Após ter sido censurada há 41 anos, faixa inédita de Gilberto Gil é divulgada por compositor", *GZH Música*, 19 out. 2016, disponível em: <https://gauchazh.clicrbs.com.br/cultura-e-lazer/musica/noticia/2016/10/apos-ter-sido-censurada-ha-41-anos-faixa-inedita-de-gilberto-gil-e-divulgada-por-compositor-7845285.html>, acesso em: set. 2022.

81 Disponível em: <https://youtu.be/FW34qpaapDs>, acesso em: set. 2022.

Falta de comunicação? "Gil não era de muita conversa", reconhece o guitarrista, magoado até hoje por ter sido dispensado sem dispensa. Falta de entendimento do papel que cada um tem? "Quando você toca para um cantor, é diferente"[82], diz o baixista, que vinha de um grupo onde todo mundo tinha os mesmos direitos, ninguém atuava como músico contratado, condição daquela banda que acompanhou Gil em 1974.

Falecido em 2016, Aloisio Milanez não está mais aqui para contar sua experiência. Dessa jornada, Chiquinho Azevedo foi o único que migrou para *Refazenda*, assumindo agora a bateria e juntando-se ao baixista Moacyr Albuquerque, aos percussionistas Hermes e Ariovaldo, ao acordeonista Dominguinhos e aos músicos dos metais. Como já exposto, Gil fala hoje em dia: "*Expresso 2222* já reflete um pouco mais a coisa do *band leader* que eu ia me tornando, e cuja dimensão foi sendo repassada para os discos seguintes"[83]. Dominguinhos, em 2011, em entrevista ao programa *O Som do Vinil*, em que Charles Gavin entrevistou Gil sobre a trilogia "Re", declarou:

> Ele queria fazer os shows com esse grupo pequeno. Nós começamos a sair fazendo show por aí, antes de qualquer *Refazenda*. Era uma época de vacas magras danadas, era um show pesado porque ele tocava três, quatro horas todo dia, mas era também um trabalho de pouca gente, nem sempre estava lotado. Fizemos muito show aí com quatro gatos pingados... E depois foi crescendo, crescendo.... e a gente terminou esse trabalho com muito público. E mostrando um trabalho bonito. Aí, quando chegou no Rio, ele começou a querer fazer este

---

82 Entrevista à autora em junho de 2021.
83 Entrevista realizada em abril de 2020.

> disco. Fizemos dentro de um sistema que tinha que ter naquele tempo, a sanfona, o violão, e o nosso modo de tocar. Foi um dos trabalhos mais lindos que eu fiz até hoje. Eu fazia umas notinhas de nada e disse pra ele: "Vou ficar só nisso?". E ele: "Só! Não precisa mais não!".[84]

Em 1973, Gil se reencontrou com o acordeom, com o forró, com a simplicidade sofisticada da produção nordestina e com os tempos em que brincava ao pé do abacateiro. Em 1975, o abacateiro daria frutos.

---

[84] "Gilberto Gil e a trilogia Re", *O Som do Vinil*, Canal Brasil, disponível em: <https://youtu.be/K3d_9TkZkcU>, acesso em: set. 2022.

RENOVAÇÃO
O PROJETO DA TRILOGIA

REFAZENDO TUDO
(*REFAVELA, REFESTANÇA, REALCE*)

"Gil sabe que há momentos de lutar, de aquietar, de procurar, de pensar, de descansar, de amar, de entreter, de mudar, de ficar ou de tentar. E vem sendo assim sua vida e seu trabalho artístico", reconheceu Nelson Motta em sua coluna no jornal *O Globo*, publicada em 5 de outubro de 1975[85]. O produtor e jornalista, sempre antenado, tentava resumir em poucas palavras o que havia acontecido desde que Gilberto Gil havia voltado do exílio:

> Voltando de Londres sólida e sinceramente modificado na estrutura de seus hábitos, aparência, atitudes, a música de Gilberto Gil passou a brotar dele de uma forma livre, densa,

---

85 Nelson Motta, "Os feitos de Gilberto Gil e sua atual *Refazenda*", *O Globo*, 5 out. 1975, Domingo, p. 7.

> complexa e de inacreditável poder criativo. Já foi chamado de "free baiano" o trabalho que Gil realizou entre sua volta ao Brasil e sua atual *Refazenda*.

A expressão é engraçada, mas bem próxima do som que Gil produzia.

Gil havia experimentado sonoridades, testado músicas, passado por diversos palcos, lançado faixas e álbuns despretensiosos, cancelado disco, rejeitado o pop e revisitado a si próprio bem como a tudo o que permeou sua formação musical para planejar o álbum *Refazenda* e todo o projeto conhecido como a trilogia fundamental "Re". Era como se Gilberto Gil estivesse se preparando para dar e receber a grande virada de sua vida. Ou uma delas, porque sabe-se que, até os anos 1980, ele ainda titubeava em relação à carreira musical:

> Eu pensei em abandonar a música numa decisão mais autônoma, minha, mais solitária, pensando em expandir meu campo de interesses pra além do que estava fazendo. Mas, na verdade, não era nada disso. Era uma coisa mais psicanalítica, digamos assim. Eu estava com meus medos, meus receios... Achei que a fonte tinha secado. Estava achando que não era importante, que aquilo que fazia não valia a pena. Para me despedir, planejei compor uma canção e fiz "Palco".[86]

"Palco" estourou em 1981, na ocasião do lançamento do álbum *Luar (A gente precisa ver o luar)* e o levou a entender que a música já era um caminho sem volta, e ele, um operário dela. E a expansão para outros campos acabaria sendo natural, com Gil na segunda metade da década de 1980 ingressando

---

86 Entrevista realizada em maio de 2020.

também na política. Bem antes disso, a trilogia o ajudaria a consolidar sua carreira e ganhar forças para ser o que era e exigir o que lhe era de direito, como o ônibus para a turnê. Quando surgiu, a ideia se conectou com sua admiração pela Trilogia da Incomunicabilidade, um pacote de três filmes que dialogam entre si do cineasta italiano Michelangelo Antonioni. Em entrevista para a revista *IstoÉ Gente* em 1999, Gil contou que a fase dos álbuns "Re" foi marcada "pelo gosto da aventura intelectual e estética"[87].

O projeto, que começou despretensioso, incluiu três álbuns de estúdio: *Refazenda* (1975), *Refavela* (1977) e *Realce* (1979). Para os álbuns de estúdio, o baiano revisitou suas origens e ideologias. Primeiro, sua infância em *Refazenda*. Depois, sua afrodescendência e os reflexos da cultura africana em *Refavela*. Em *Realce*, sua alegria de viver entre estilos musicais e purpurinas.

O quarto disco que acabou entrando na coleção, o ao vivo *Refestança* (1977), gravado com Rita Lee, fazia referência aos últimos trabalhos de ambos. Rita Lee, em sua autobiografia lançada em 2016, escreveu:

> Trocando figurinhas com Gil, combinamos duas aventuras: 1 – O batizado de Beto [primogênito de Rita] com Gil e Sandra de padrinhos na igreja Santo Inácio, na Vila Mariana, onde fui anjinho de procissão e fiz a primeira comunhão. 2 – Unir nossas ex-prisões, nossas duas bandas, nossos últimos trabalhos, *Refavela* e *Arrombou a festa*, batizar a reunião de *Refestança* e partir para a estrada acompanhados da *big band* Tuttivela & Refafrutti.[88]

---

87 Gilberto Gil e Regina Zappa, *Gilberto bem de perto*, op. cit.
88 Rita Lee, *Uma autobiografia*, São Paulo: Globo Livros, 2016, p. 166.

Rita faz trocadilho com os nomes das bandas Refavela e Tutti Frutti, mesma brincadeira feita na contracapa do LP *Refestança*. Na capa, eles assinam Gilberto Lee e Rita Gil. "Re" vem de *Refavela*, e "festança", da festa arrombada por Rita em um compacto lançado em 1976, com foto da cantora vestida de presidiária na capa, logo após sua saída da prisão.

NESSE ITINERÁRIO

Depois de uma viagem a Lagos, na Nigéria, em 1977, Gilberto Gil voltou inspirado e com vontade de incluir a temática afro em suas composições. O músico passou um mês no país africano, onde participou do II Festival Mundial de Arte e Cultura Negra (Festac). O evento reuniu 50 mil artistas afrodescendentes e da diáspora negra, dentre eles o multi-instrumentista e compositor Fela Kuti, criador do afrobeat e ativista dos direitos humanos. Dali em diante, a sonoridade de Gil nunca mais seria a mesma, nem seu posicionamento político.

Além da influência africana, Gilberto Gil buscou em outros movimentos musicais negros ritmos para compor seu novo som. O funk norte-americano e o reggae jamaicano, por exemplo, bem como a música dos blocos carnavalescos que tinham como objetivo celebrar as influências africanas no Carnaval de Salvador. Se em *Refazenda* Gil revisitou suas raízes nordestinas, em *Refavela* ele reconheceu suas raízes africanas sob produção de Roberto Sant'Ana. Lançado em 1977, o LP *Refavela* conta no lado A com as faixas "Ilê Ayê", "Aqui e agora", "No norte da saudade" e "Babá Alapalá". No lado B estão "Sandra", "Samba do avião", "Era nova", "Balafon" e "Patuscada de Gandhi".

A canção "Babá Alapalá" é uma das faixas que mais exploram a ancestralidade africana, levantando nomes de orixás. Símbolos das religiões de matriz africana, os orixás são considerados ancestrais que foram divinizados: durante sua vivência na Terra, supostamente adquiriram um controle sobre aspectos da natureza e das condições humanas. Durante o período da escravatura, a imposição do catolicismo aos negros fez com que eles associassem cada orixá a um santo católico. Dessa forma, mantiveram viva sua crença e protegidos os cultos. No sincretismo religioso, Xangô corresponde a São Jerônimo. Outra faixa nessa linha é "Balafon", que é o nome de uma canção e, também, de um instrumento que Gil ganhou de presente durante sua passagem pela Nigéria. No documentário *Refavela 40*, o percussionista Djalma Corrêa conta que viu um percussionista tocando balafom na rua e pediu a Gil para comprá-lo do músico.

NÃO TROUXER TEU ABACATE

No mesmo ano em que lançou *Refavela*, Gilberto Gil lançou também o *Refestança*, álbum baseado na bateria de shows realizados com a amiga tropicalista e ex-Mutante Rita Lee. Ambos tinham sido presos por porte de maconha em 1976 e decidiram juntar suas bandas para uma turnê, que seria registrada e lançada em forma de LP produzido por Guto Graça Mello. O álbum não estava previsto e acabou sendo um quarto disco no meio da trilogia "Re", de Gil. Em sua autobiografia, Rita lembra que o dia da gravação acabou em tragédia:

> Gravamos o show ao vivo meio nas coxas com a tecnologia pobrinha da época, que não conseguiu reproduzir nem metade da farra que rolava no palco. Lembro que estávamos lá no meio do show no Maracanãzinho lotado quando a estrutura do cenário começa a tremer tipo placa

> tectônica e tudo escorrega pelas beiradas do palco. Diante da iminência de rolar um Vesúvio sobre nossas cabeças, o show foi encerrado, houve quebra-quebra na plateia, a polícia chegou, evacuou e interditou o local. Só lembrando que roquenrou nessa época era oposição e tinha cara de bandido.[89]

Formada por Roberto Carvalho (Zezé) (teclado e guitarra), Luiz Carlini (guitarra), Lee Marcucci (baixo), Sérgio Della Monica (bateria), Wilson Pinto (Will) (vocal) e Naila Scorpio (percussão), a banda Tutti Frutti tocou algumas faixas. A de Gil, Refavela, acompanhou a dupla em outras com Moacir Albuquerque (baixo), Pericles Santana (guitarra), Djalma Corrêa (percussão), Milciades Teixeira (teclados), Carlos Alberto Charlegre (bateria) e Lúcia Turnbull (vocal).

Lucinha, como era chamada, reencontrou Rita nos palcos três anos depois de ambas terem dissolvido a dupla Cilibrinas do Éden, com a qual fizeram alguns shows e gravaram músicas que nunca viraram um disco da dupla, mas foram lançadas em um LP pirata que circula por aí e (algumas) em coletâneas de Rita lançadas pela PolyGram. Lucinha também chegou a integrar o Tutti Frutti, tendo participado do Hollywood Rock de 1975 e do primeiro álbum do grupo, *Atrás do porto tem uma cidade*.

Todos os nomes estão reproduzidos conforme aparecem na contracapa do LP, acompanhando as fotos dos músicos. Estão nela ainda imagens e nomes de Guto Graça Mello (produtor), Ricardo Azevedo e Wagner Baldinato (som), além de Rita e Gil.

"Montar repertório já merecia um filme", declara Rita na autobiografia. O álbum abre com a música

---

89 *Ibidem*.

"Refestança", composta pelos dois. De Gilberto Gil, "Domingo no parque" e "Back in Bahia" estão no repertório. Rita Lee trouxe as suas composições "Ovelha negra" e "Arrombou a festa", esta última em parceria com o futuro escritor Paulo Coelho. Composta por Rita para Gil, "Giló" celebra a amizade dos dois. A dupla incluiu ainda no show e no disco uma versão tropical de "Get Back", dos Beatles, intitulada "De leve", "Odara", de Caetano Veloso, "Eu só quero um xodó", de Anastácia e Dominguinhos, além da releitura sarcástica de "É proibido fumar". De autoria de Roberto Carlos e Erasmo Carlos, o rock desafiava autoridades. O lado B fecha com "Refestança".

No encarte do álbum, o cantor baiano brincou em um texto: "Refestança é um lugar. Em que se cantando dá. Em que se dançando dá. Em que se plantando... só bananeira". O texto da cantora paulista completou a ideia: "Fica valendo a mistura de raça, de cor, de som, de fazenda, de cidade, e de chicletes com banana". Em seu livro, Rita lembra que "Gil estava na macrobiótica radical, só comia arroz integral com bardana, um santo. Quanto a mim, nunca fui santa"[90].

A turnê *Refestança* estreou em outubro de 1976, rodou várias capitais do Brasil – Goiânia, Fortaleza, Natal, Recife, Salvador, Vitória, São Paulo – e terminou no Maracanãzinho, ginásio esportivo localizado no Rio de Janeiro. No show de encerramento, a queda do cenário tirou um pouco do brilho e da alegria da dupla, mas não fez a festa parar nem apagou o histórico encontro de duas lendas da música brasileira. Nos anos 2000, os dois fizeram planos para um *Refestança 2*, mas o convite recebido por Gil para ocupar o cargo de ministro da Cultura tirou o projeto do caminho dele.

---

90 *Ibidem.*

O SIGNIFICADO

Depois de um período morando em Los Angeles, onde gravou o *Nightingale* (1979), um álbum produzido por Sérgio Mendes, músico niteroiense expoente da bossa nova radicado nos Estados Unidos, Gilberto Gil começou a trabalhar no último disco da trilogia "Re". *Realce* seria lançado em agosto de 1979, três meses depois de sua versão de um sucesso de Bob Marley, "Não chore mais (No Woman, No Cry)", virar um sucesso no Brasil. Para gravar essa canção, Gil convidou os ex-Mutantes Sérgio Dias (guitarra) e Liminha (baixo) para entrarem com ele em estúdio.

Gil havia feito essa versão para uma cantora gravar, e o produtor Marco Mazzola sugeriu sua gravação. Com arranjos de Lincoln Olivetti – naquele momento já se tornando o "mago do pop" –, a faixa foi parar em um compacto com "Macapá", do repertório de Luiz Gonzaga e Humberto Teixeira, no lado B. Um pouco pensada para agradar à turma que fumava maconha, a música acabou ganhando um fundo político, afinal, 1979 foi o ano em que foi promulgada a Lei da Anistia. "Não chore mais" virou um dos hinos da Anistia e, de tão bem-sucedida, acabou indo parar em *Realce*.

A ideia do nome *Realce* surgiu durante as viagens de Gil. Foi Mazzola quem sugeriu ao cantor e compositor investir na mistura de instrumentistas brasileiros e estrangeiros para alcançar uma sonoridade que tanto ressaltasse a música nacional quanto a *disco music*, em alta naquele momento no mundo todo. Assim como em *Refazenda*, Gilberto Gil investiu em versos *nonsense* na faixa título: "Realce" é uma canção dançante cujo arranjo fala muito mais do que qualquer letra. Para isso, Gil contou com a guitarra de Steve Lukather, da banda de rock Toto, e os teclados de Jerry Hey, arranjador da banda de funk/soul Earth, Wind and Fire.

Também no lado A, "Sarará miolo" mostra Gil indo contra os ideais de beleza eurocentristas, exaltando o cabelo dos negros e chamando o racismo de "doença de branco". Inspirado pelas observações de Caetano Veloso sobre o filme *Superman*, o músico compôs "Superhomem – a canção", uma das primeiras canções feministas da história da música brasileira. Àquela altura, Gil já tinha firmado uma parceria com a mulher que conhecera em 1979, Flora Giordano, com quem se casaria em 1988 e segue unido, agregando-a inclusive como sua empresária, na segunda metade dos anos 1980. "Tradição" fecha o lado A do LP.

Composição de Dorival Caymmi, "Marina" é também uma canção contra o racismo e de exaltação da mulher que Gil transformou em uma música para discoteca. Depois de "Rebento", vem "Toda menina baiana", faixa também dedicada a uma mulher, composta por Gil para sua filha primogênita, Nara Gil. O lado B conta ainda com as canções "Logunedé" e o *hit* "Não chore mais". No meio da turnê, houve um encontro com o cantor e compositor jamaicano Jimmy Cliff, que circulava pelo Brasil e fez com Gil shows em ginásios e estádios de cinco capitais. Os dois gravaram um especial transmitido pela Rede Globo.

QUE NA *REFAZENDA*

Refazenda surgiu do desejo de falar das raízes nordestinas. Em sua resenha sobre o álbum para *O Globo*, Sérgio Cabral escreveu:

> É o mais feliz disco de Gil desde a sua volta de Londres. Ele continua explorando os sons das palavras e prossegue audacioso em seus temas: "Meu pai, como vai / Diga a ele que não se aborreça comigo / Quando me vir beijar / Outro

homem qualquer / Diga a ela que eu / Quando beijo um amigo / Estou certo de ser alguém / Como ele é".[91]

Durante o planejamento do LP, Gil fez uma série de anotações. O encarte do álbum reuniu todas as letras e créditos em fonte manuscrita. A capa leva a assinatura de Aldo Luiz, diretor do Departamento de Artes Gráficas da Philips e responsável por capas antológicas nos anos 1970, entre elas a de *A Tábua de esmeralda*, de Jorge Ben, e de *Sinal fechado*, de Chico Buarque (essa trabalhada com fotos de Luiz Garrido), ambas de 1974, e de *Joia*, de Caetano Veloso (com foto polêmica de João Castrioto), de 1975.

De acordo com Aldo Luiz, Gil lhe pediu que assumisse *Refazenda*:

> Eventualmente eu contratava *freelancers* para fazer capas. Desta vez, foi um pedido do Gil. Ele disse: "Gostaria que você fizesse o *Refazenda* e vou deixar o próximo (que viria a ser o *Refavela*) com Rogério Duarte". Eu e Rogério havíamos feito juntos a capa do *Gil & Jorge: Ogum Xangô*.[92]

O mesmo João Castrioto, que foi parar na cadeia por causa da capa de *Joia* – trazia uma imagem de Caetano, Dedé Gadelha e Moreno Veloso pelados e acabou censurada –, fez as fotos que ilustram capa e contracapa de *Refazenda*. Ele e Aldo passaram uns dias em Salvador, hospedados perto da casa de Gil em Itapuã, e visitaram algumas paisagens baianas para escolher os cenários. Aldo recorda:

---

91 Sérgio Cabral, "Dois discos de dois músicos", *O Globo*, 5 out. 1975, Domingo, p. 7.

92 Entrevista à autora em julho de 2021.

> Alguns artistas tinham ideias próprias, outros deixavam a meu critério. Gil deixava a gente muito livre, não fazia muita exigência. Ele chamava mais para a percepção. Ele tocava e eu fazia sugestões. É só olhar a capa e ver como ela veste o conteúdo.[93]

O artista plástico teve a ideia de embrulhar o LP numa tarrafa de pescaria de tecido. Na capa, Gil está sentado em postura de lótus e, na contracapa, por trás da rede, há uma foto do mar com um barquinho a navegar. Depois do embrulho, ele colou nos espaços vazados da rede pedaços de fotografias que mostravam Gil, os músicos (Dominguinhos, Moacyr e Chiquinho), Pedro e Preta Gil, imagens da cidade (roda de caminhão, poste etc.) e da natureza (cactos, frutas, folha de abacateiro etc.). Nas palavras de Aldo:

> A ideia era a tarrafa juntar tudo, como faz a pescaria. A tarrafa é uma síntese. Fiz a montagem das fotos do João nos espaços da rede e coloquei o Gil no meio. Era um fotolito, a gente recortava e montava, tudo feito manualmente. Eu desenhava na mão um *layout* e, em cima da arte-final, vinha o fotolito providenciando a montagem das fotos. Era um processo mais complicado, mais artesanal.[94]

Com 31 cm × 31 cm de espaço, as capas de LP tinham espaço para se criar verdadeiras obras de arte. Os textos – nome do artista e nome do disco – são intercalados pelo símbolo "Re", desenhado por Rogério Duarte, rodeado de um monte de repetições da palavra "Refazenda" escritas formando um círculo. O mesmo desenho arredondado é o único

---

93 *Idem.*
94 *Idem.*

escrito em letra de forma presente na primeira página do encarte, que basicamente reúne os nomes e tempos de cada música, a ficha técnica e os créditos dos músicos. No verso, estão as letras das canções também em letra de imprensa. No pé do encarte, um texto marcava a numeração do álbum: "Pertence ao LP 6349152[95]. Não pode ser vendido separadamente".

Simplesmente inspirado nas sonoridades mais simples do baião e dos ritmos nordestinos, o LP *Refazenda* saiu com as canções "Ela", "Tenho sede", "Refazenda", "Pai e mãe", "Jeca Total" e "Essa é pra tocar no rádio" no lado A. No lado B, "Ê, povo, ê", "Retiros espirituais", "O rouxinol", "Lamento sertanejo (Forró do Dominguinhos)" e "Meditação". Declarou Sérgio Cabral na mesma resenha:

> A primeira alegria proporcionada pelo disco de Gilberto Gil é a ausência de letras em inglês – um alívio para quem não gosta muito de inglês cantado com sotaque baiano. A outra é a presença do sanfoneiro Dominguinhos como instrumentista e como autor (com Anastácia) de "Tenho sede", a melhor faixa do disco.[96]

Ainda na Philips, usando o estúdio de oito canais da PolyGram, Gil contava com o apoio de André Midani, então diretor da gravadora, e com a supervisão de Marco Mazzola, que assina a "direção de produção" no encarte. Gil conta que o produtor pouco se meteu no processo, mas assumiu a mixagem. Suma importância para o que virou *Refazenda* teve o maestro e arranjador Perinho Albuquerque, que assina a "coordenação musical" e os "arranjos de orquestra". Mazzola recorda:

---

95 Esse é o número que consta no encarte do LP adquirido pela autora.

96 Sérgio Cabral, "Dois discos de dois músicos", *op. cit.*

> Partiu do próprio Gil esse convite. Eu me senti numa saia justa, porque quem fazia os discos dos baianos era o Perinho Albuquerque. Eu não era da patota, era um carioca entrando no grupo dos baianos. [...] Não teve choque entre produtor, artista e arranjador. As mixagens, submeti tudo a Gil. [...] Não teve muitos acontecimentos dentro do estúdio. Gil já estava com esse disco pronto e o que a gente fez ali foi ser um decorador. Ele chegou com os móveis e coube a mim ser esse decorador.[97]

Nesse episódio, intitulado "Gilberto Gil: a produção e gravação de *Refazenda*", Mazzola diz que foi com *Refazenda* que Gil tomou gosto pelo sucesso: com ele, ganhou seu primeiro Disco de Ouro, o que representava a venda de 100 mil cópias. O produtor conta que a proposta de reunir "baiões, chorinhos, coisa que Gil não tinha feito em sua carreira", foi o diferencial. Com Gil sempre vestido de branco, as gravações se dividiram em vários locais: "A orquestra, gravamos no estúdio da PhonoGram. As bases e vozes, no estúdio Havaí. Fizemos algo também em estúdio da Som Livre. Isso porque os estúdios viviam lotados e a gente queria fazer *Refazenda* com rapidez"[98].

Os Beatles já gravavam em estéreo e os solos de guitarra, em canais separados. Mas, no Brasil, ainda se gravava bateria, baixo e guitarra em canais diferentes, um em cada, sendo o da bateria mono. "Os técnicos tinham que ser bons"[99], lembra Chocolate, que no encarte aparece como Paulo Sérgio, um dos assistentes. O apelido foi dado por Tim Maia

---

97 Marco Mazzola, "Gilberto Gil: a produção e gravação de *Refazenda*", YouTube, *Ouvindo Estrelas*, episódio 7, disponível em: <https://youtu.be/qGv9owN8iZY>, acesso em: set. 2022.

98 *Ibidem*.

99 Entrevista à autora em junho de 2021.

em 1971 e, anos depois, ele alterou o sobrenome no RG e virou Paulo Sérgio Chocolate Fortunato. Chocolate começou como auxiliar de estúdio. Em *Refazenda*, dividiu o trabalho com José Guilherme. Três técnicos assinam a responsabilidade pela mesa de som, porque a jornada deles era de seis horas de trabalho por dia em turnos distintos: Luigi, João Moreira e Luiz Cláudio. Mas, para Chocolate, o mérito maior foi do próprio Gil:

> Gil levava vantagem sobre outros artistas com os quais trabalhei, porque ele veio do acordeom e, para tocar acordeom, tem que ter uma noção de melodia diferente. E ele trouxe aquela bagagem do instrumento para o violão, que tem só seis cordas. O violão é limitado; o acordeom, não. Por isso ele e os músicos se entendiam muito rapidamente. Não lembro de terem sido mais do que três dias dentro do estúdio. Era tudo muito rápido. Passavam duas ou três vezes e já gravavam. Gil é muito musical e as pessoas que trabalharam com ele eram capacitadas para entendê-lo.[100]

A modernidade estava no violão Ovation e nos pedais que Gil usou nas gravações, como ele contou a Regina Zappa em *Gilberto bem de perto*:

> No álbum *Refazenda* eu já trago a experiência com o violão Ovation, com as novas tecnologias e com os novos pedais, para tocar coisas mais ligadas ao original nordestino. E o acordeão de Dominguinhos serve para manter presente o espírito do baião.[101]

---

[100] *Idem.*
[101] Gilberto Gil e Regina Zappa, *Gilberto bem de perto, op. cit.*

Com uma equipe de peso, *Refazenda* se tornou um dos álbuns mais fundamentais da discografia de Gil. Perinho era irmão do baixista Moacyr Albuquerque, que, com o baterista Chiquinho Azevedo, cuidou da chamada "cozinha", para que Dominguinhos, no acordeom, e Gil, ora no violão, ora na guitarra, se esbaldassem. Além das já citadas inclusões de "O rouxinol" e "Essa é pra tocar no rádio", outra faixa que contou com músicos diferentes foi "Pai e mãe", que virou um chorinho na base de Canhoto (cavaquinho), Dino (violão de sete cordas) e Altamiro Carrilho (flauta). Nelson Motta escreveu em sua coluna no jornal *O Globo* no mês que marcou o lançamento de *Refazenda*:

> Com o suporte de um equilíbrio existencial raro, Gilberto Gil levou às últimas consequências esta fase de seu trabalho, esgotando as possibilidades criativas dos temas musicais em improvisações de total liberdade, muitas vezes pelos labirintos de luz das harmonias complexas. Agora, com apenas três músicos (Dominguinhos, Moacyr e Chico Azevedo), Gil realiza um trabalho de síntese: refazendo em sua nova forma de apresentar suas músicas o Gil da simplicidade absoluta e o da complexidade total, resultando tudo num trabalho artístico conciso, de exemplar execução formal e revelando o grandioso pensamento de Gilberto Gil sobre o mundo e as pessoas. [...] Um trabalho de significados densos que fluem através das formas mais doces da leveza e do simples.[102]

Além dos três músicos na base, participaram mais alguns de apoio: Hermes e Ariovaldo (percussão); Jorginho, Celso e Geraldo (flautas); Maciel e Bogado

---

[102] Nelson Motta, "Os feitos de Gilberto Gil e sua atual *Refazenda*", *op. cit.*

(trombones); Formiga, Barreto e Niltinho (pistons); Luiz Paulo (bombardino). Com eles, Gil registrou "Ela", "Tenho sede", "Refazenda", "Jeca Total", "Ê, povo, ê", "Retiros espirituais", "Lamento sertanejo (Forró do Dominguinhos)" e "Meditação", juntando-as às faixas "Essa é pra tocar no rádio" e "O rouxinol", e à "Pai e mãe", também gravada com o trio de choro. Como declarou Nelson Motta no jornal O Globo, em 20 de setembro de 1976: "*Refazenda* é o movimento de Gil de volta a seus recantos pessoais mais profundos e escondidos, revisitados, revistos e relatados por um ser maduro e disciplinado – com a emoção das descobertas e a serenidade dos que se pertencem"[103].

---

103 Nelson Motta, "Vidas, paixões e glórias de Gilberto Gil – 3º movimento: o sonho e o sábio", *op. cit.*

REFAZENDA
O DISCO FAIXA A FAIXA

"REFAZENDA"

Fazia três anos que Gilberto Gil havia retornado de Londres, e a canção que daria nome a seu novo álbum faria com que seus seguidores acreditassem que ele estava mandando um recado à ditadura ainda vigente no Brasil. A frase "Abacateiro, acataremos teu ato" parecia uma referência à truculência dos militares, que usavam uma farda verde como a cor da fruta da árvore à qual Gil se refere, o abacate, e ao ato institucional. No entanto, o músico estava inspirado pela natureza. "'Refazenda' é rememoração do interior, do convívio com a natureza, reiteração do diálogo com ela e do aprendizado do seu ritmo", declara Gil.

Terceira faixa do álbum, "Refazenda" surgiu como uma "justaposição de *nonsenses*", como ele mesmo reconheceu anos depois. Com um ritmo batucando em sua cabeça, Gil resolveu ouvir sua intuição, que havia lhe transmitido uma série de sons e palavras rimadas sem sentido nenhum. "Aos poucos fui criando sentidos parciais a certas frases, até desejar um sentido geral para todas", conclui ele. O primeiro esboço é muito maior do que a versão lapidada e final da canção, e faz menos sentido, disse ele a Carlos Rennó no programa *Uma Vez, Uma Canção*[104], exibido pela TV Cultura, em uma fala na qual se referiu também à canção "O som da pessoa", presente no repertório do álbum *Gil luminoso*, de 2006:

> Tiro livre, *nonsense*, abobrinhas... Eu escrevi uma letra monstra e depois, sobre aquela, fui colocando as ideias. Engraçado que o verso "uma pessoa soa bem", eu aproveitei depois em uma composição que fiz como um poema de configuração visual para uma revista da Bahia, e que depois o Bené [Fonteles] resolveu colocar música... Um verso deletado, que foi pro lixo... Se a gente usasse computador naquele tempo, teria sido deletada...[105]

No programa da TV, ele foi estimulado a mostrar na prática a versão escrita e, ao violão, saiu:

> Abacateiro
> Acataremos teu ato
> Pacato, somos do mato
> Como o seu concidadão
> Aguardaremos
> Tiraremos seu retrato
> Fruto do seu aparato
> Sua ameixa, seu mamão

---

104 *Uma Vez, Uma Canção*, TV Cultura, disponível em: <https://youtu.be/X3YN-Tr7sXQ>, acesso em: set. 2022.
105 *Ibidem*.

> Abacateiro
> Todo bom ladrão, ladrilho
> Ladrilheiro come milho
> Como galinha cocá
> Como galinha
> Ponho no seu prato o trilho
> Resto, osso, pena, filho
> De ioiô e de laiá
> Abacateiro
> Sabe a quem estou me referindo
> Uma pessoa, boa, soa bem
> Abacateiro
> Sabe o meu amor ao tamarindo
> Vindo do que já teve, já não tem
> Abacateiro
> Parece parceiro...

"Aí não dava", diz ele, tentando ler o trecho rabiscado.

> Abacateiro
> Um parceiro solitário
> Desse itinerário
> Da leveza pelo ar
> Abacateiro
> Saiba que na refazenda
> Tu me ensina a fazer renda
> Que eu te ensino a namorar

"Aí já é...", finaliza Gil, encaminhando o final da canção.

Palavra presente na letra definitiva de "Refazenda", guariroba é uma palmeira típica do cerrado brasileiro e foi o nome dado a uma comunidade agrícola autossustentável fundada em 1972 pelo pensador baiano Roberto Pinho, um dos inspiradores do tropicalismo. Localizada a cem quilômetros de Brasília, Guariroba seria uma comunidade alternativa, onde as famílias se juntariam. Chegaram a habitar cerca de cinquenta pessoas e Gil foi um dos patrocinadores. O sonho durou três anos, todos eles frequentados pelo músico, que a eternizou na canção que lançou em 1975.

Falar de ecologia estava na moda e todo *hippie* que se prezasse queria morar em uma fazenda alternativa, seguindo o modelo do que estava acontecendo na Europa e nos Estados Unidos. No Brasil, alguns artistas também foram nessa direção: Os Mutantes, no início dos anos 1970, construíram casa e estúdio na serra da Cantareira, onde, mais para o final da década, seria a casa no campo em que Elis Regina também iria morar. Novos Baianos também seguiriam esse caminho nessa mesma época, criando o clássico álbum *Acabou chorare* em um sítio onde todos moravam em Vargem Pequena, na zona oeste do Rio de Janeiro.

"A Guariroba era um desses projetos de utopia eco... O modelo mais evidente ali eram as fazendas *hippies* na Europa, nos Estados Unidos, as comunidades ligadas às novas religiosidades orientalistas, ligadas à transformação de estado de consciência psicodélica", declarou Gil no programa *Uma Vez, Uma Canção*, lembrando que chegou a escrever um manifesto na época do lançamento tentando explicar a palavra "refazenda":

> É refazenda de refazer, de retomar, de recuar, de recuar no sentido do tempo, de voltar à tradição, de voltar à fazenda como um símbolo de um mundo, uma quimera pastoril que tenha possivelmente existido e que almejaríamos que voltasse a existir, um recuo nesse sentido. Como hoje fazemos uma crítica à modernidade e a tentativa de voltar à tradição, ao mito, à fantasia, à não ciência... voltar à sabedoria chinesa, antes

> da filosofia grega... todo esse desejo de recuo para novos avanços. Recuar para avançar. Eu dizia no manifesto: "Sair da vanguarda, estar na retaguarda para ir mais além". Um passo atrás para dois em frente. Essas coisas assim.[106]

O manifesto enviado a jornalistas – como fez depois também para o lançamento de *Refavela* e *Realce* – se perdeu no tempo. Em 2012, perto de estrear, no Centro Cultural dos Correios, no Rio de Janeiro, uma exposição que marcaria seus 70 anos, Gilberto Gil chegou a avisar em sua conta no Twitter que estava à procura do texto, mas não houve notícia dele.

A Rennó, Gil catapultou sua maior influência para a criação da palavra "Refazenda": "Já era um namoro com o concretismo, uma paixão pelas palavras-cabide, palavras-mala". Gil tentava se referir ao conceito de "palavra-valise", usado por ele para explicar poeticamente os neologismos que inventa. Nesse caso, a nova palavra-valise juntou o substantivo "fazenda" ao prefixo "re" referente a "retrocesso, recuo", uma das possibilidades oferecidas pelos dicionários gramaticais (as outras seriam "repetição" e "reforço", que não se aplicam tanto quanto o "recuo" usado em palavras como "reflorestar", "reiniciar" e "retornar"). Prefixos são morfemas que se juntam a palavras a fim de formar novas palavras. Na letra de Gil, não se formou um vocábulo existente, por isso ele reconhece "refazenda" como uma palavra-valise.

"Refazenda", sem dúvida, é a canção que mais rende assunto, já que foi tão trabalhada por Gil naquela fase em que ele estava na Bahia e tanto sintetiza tudo aquilo que ele estava vivendo. Outro ponto que sempre chamou a atenção de quem se interessa por harmonias e arranjos musicais é a

---

106 *Ibidem*.

maneira como Gil dedilha seu violão nessa gravação. No programa comandado por Rennó na TV Cultura, um aluno de Composição Musical da Faculdade Santa Marcelina, chamado Ricardo, perguntou ao músico "de onde veio essa harmonia, os acordes, de onde tirou. Quem você estudou? O que você tocava antes?". Ao que ele respondeu:

> Essa música intriga um pouco os colegas músicos, principalmente os violonistas, por causa do inusitado desse achado harmônico. São arpejos. É um arpejo com duas notas, em ré maior usando cordas soltas no violão, modulando para lá maior... Depois modula para ré menor... Minimalista, muito simples, quase nada de variação harmônica, mas com um colorido interessante por causa dessas nonas e alterações embutidas no arpejo. Tem outras canções que trabalho desse jeito. "Refavela" é uma delas. Uso o arpejo como um suporte harmônico e rítmico ao mesmo tempo, sem precisar de acordes fechados nem de percussão colateral. É um procedimento que é muito característico da minha expressividade musical. Aliás, é reconhecida por meus colegas. É minha característica.[107]

"PAI E MÃE"

Outro manifesto presente nesse disco é a canção que vem logo depois da faixa-título, sendo a quarta no lado A: "Pai e mãe" apresenta-se como uma convocação para que se abra espaço para uma nova forma de afetividade, para uma liberdade que se desenvolvia na época sem preconceito contra o relacionamento entre gêneros iguais ou distintos. Segundo Gil, no comentário do livro *Gilberto Gil: todas as letras*, trata-se de "uma música de confissão

---

107 *Ibidem.*

de afeto profundo pelos pais, colocando todos os homens queridos como sendo um prolongamento do pai e todas as mulheres como um prolongamento da mãe"[108].

"Pai e mãe" foi uma das últimas a serem compostas para o disco, ganhando forma no dia do aniversário de 33 anos de Gil, em 26 de junho de 1975, quando ele dirigia a caminho de casa, em Salvador. Enquanto percorria o Jardim de Alá, refletia sobre ter saído de sua mãe em um parto normal realizado pelo pai, e sobre essa vida que surgia naquele dia estar gerando outras novas vidas. Diz ele no livro *GiLuminoso: a po.ética do ser*, de Bené Fonteles:

> Essa música é uma meditação sobre e para me endereçar a meu pai e minha mãe. E me dirigi primeiro a ele: "Eu passei muito tempo / Aprendendo a beijar / Outros homens / Como beijo meu pai". O outro, o próximo e o irmão. Tive aquela ideia de projeção. Eu tinha vindo dele, que tinha me gerado, e a minha vida gerava mundos circundantes aos outros seres. Enfim, veio o sentimento do fato de pertencer à humanidade, participar e partilhar dessa condição humana com os outros. Tudo isso tinha sido proporcionado pelos meus pais e era essa a gratidão, havia a ideia desse presente.[109]

O diálogo entre gerações proporcionado por "Pai e mãe" tinha como objetivo pedir a seu José Gil Passos Moreira que não tivesse vergonha dos hábitos

---

[108] Carlos Rennó (org.), *Gilberto Gil: todas as letras*, op. cit., p. 199.

[109] Bené Fonteles e Gilberto Gil, *GiLuminoso: a po.ética do ser*, Brasília/São Paulo: Editora UnB/Sesc São Paulo/Imprensa Oficial do Estado de São Paulo, 1999 apud Carlos Rennó (org.), *Gilberto Gil: todas as letras*, op. cit., p. 199.

de seu filho, e avisar a dona Claudina Passos Gil Moreira que, ao amar outras mulheres, seu rebento está "estendendo o amor que tenho por ela a todas". Além do presente para si mesmo e para seus pais – que na época moravam em Vitória da Conquista e, segundo ele, "festejaram muito a canção" –, a canção apareceu também como uma oportunidade de "resolver algumas questões afetivas" e como uma missão para Gil, que se sentia na obrigação de ser, com Caetano Veloso, um dos primeiros de sua geração a "criar o hábito de beijar amigos e ter uma afetividade que só era permitida entre homens e mulheres":

> Pelo fato de beijar outros homens, que era uma questão delicada do ponto de vista dos hábitos e convenções da nossa sociedade naquela época, um hábito já muito mais comum hoje. Na verdade, esse hábito não se espalha democraticamente para outras relações entre homens, quando transcende as fronteiras do lar. Ali se ergue uma barreira convencional do *modus operandi* social, através da qual ficam proibidas ou dificultadas essas delicadas relações. Pertenço a uma geração que teve e tem, entre suas amplas tarefas, revolver a terra e remexer nesses tabus, ao trabalhar essas questões de afetividade, de dar testemunho, ter um compromisso em colocá-las além das convenções até então estabelecidas. Eu tinha essa missão de ser no Brasil um dos primeiros da minha geração, junto com Caetano, a criar o hábito de beijar amigos e ter uma afetividade que só era permitida entre homens e mulheres. E queríamos entre homens e homens um afetivo mais aberto, uma capacidade de demonstrar carinho que ainda não era permitido ser exercida pelos homens entre si.[110]

---

110 *Ibidem.*

"ELA"

Ainda falando de amor, Gil incluiu no repertório a faixa "Ela", que nos leva de volta ao início do álbum. A canção abre *Refazenda* com uma declaração a duas inspirações: às mulheres e à música. Uma de suas versões, a que fez em inglês e gravou com Carol Rogers para o álbum *Nightingale* em 1979, ganhou um título que se referenciava à cantora Ella Fitzgerald, "ela própria uma musa-música: uma grande musa"[111]. Gil vai cantando como se fosse falar de uma mulher, e acaba declarando que vive o tempo todo para a música: "Ela / Eu vivo o tempo todo pra ela / Minha música / Musa única, mulher / Mãe dos meus filhos, ilhas de amor".

> Uma música sobre o princípio feminino, estimulado em mim pela música e pela mulher. Um tributo ao papel e à presença da música e da mulher em minha vida e na vida em geral, usando da associação entre as palavras musa e música no plano semântico, que eu acho que existe de alguma forma, e no plano da sonoridade, por causa das duas sílabas comuns a ambas.[112]

Carol Rogers é uma cantora com poucos registros na rede – um deles conta que ela foi professora de Sandy quando a brasileira lançou junto ao irmão o 11º trabalho da dupla Sandy & Júnior, um álbum com ares de pop norte-americano ("as aulas com a professora americana Carol Rogers fizeram a moça ganhar timbres das cantoras de R&B", diz matéria na revista *IstoÉ Gente*[113]). Um ano antes dessa versão escrita em parceria com Gil que mistura

---

[111] Carlos Rennó (org.), *Gilberto Gil: todas as letras, op. cit.*, p. 194.

[112] *Ibidem*.

[113] Silvia Ruiz, "Sandy & Junior", *IstoÉ Gente*, n. 115, 15 out. 2001.

português e inglês ("Ella / Eu vivo o tempo todo pra Ella / Through the magic night / She's my guiding light"[114]), Rogers fez sozinha uma outra versão chamada "Ever": "Ever / Loving you is true, as true as ever / True to sight is love / When the scene is you"[115], diz o mesmo trecho da letra citado acima.

"ESSA É PRA TOCAR NO RÁDIO"

Outra canção dedicada à música é a sexta faixa do álbum, "Essa é pra tocar no rádio", que saiu primeiro em *Gil & Jorge: Ogum Xangô*. Gravada por Gilberto Gil em 1973, o segundo *take* ganhou alguns enxertos para o álbum de 1975. O primeiro *take* ficou arquivado até ser incluído no CD *Cidade do Salvador*. Naquele momento, Gil estava sendo cobrado pela gravadora para fazer uma música que tivesse mais apelo radiofônico. Na época, os tropicalistas vendiam poucos discos, então existia uma expectativa de pelo menos ter suas músicas divulgadas. A composição e o registro se deram antes das gravações do *Refazenda*, com a banda que o acompanhava anteriormente. No entanto, "Essa é pra tocar no rádio" não tocou no rádio. "Ficou talvez até como talismã para a visão autocrítica, bem-humorada do próprio rádio. Houve rádios de São Paulo e do Rio que tocavam essa música em determinados horários", conta Gil[116].

---

[114] Tradução livre: "Através da noite mágica / Ela é minha luz guia".

[115] Tradução livre: "Sempre / Amar você é verdadeiro, tão verdadeiro como sempre / Fiel à vista é o amor / Quando o que avisto em cena é você".

[116] Carlos Rennó (org.), *Gilberto Gil: todas as letras, op. cit.*, p. 158.

Um pouco como quem diz: "Essa não vai tocar no rádio, então essa é pra vocês do rádio, vocês que não tocam as coisas que poderiam ser tocadas; que não têm espaço, nem tempo, nem projeto para tocar tudo, e têm que tocar apenas algumas coisas; vocês que têm que viver essa exiguidade, esse confinamento, esse reducionismo necessário para o meio". Ao mesmo tempo, a letra é constituída de elementos de apelo popular, que fariam a música tocar no rádio, ingredientes tirados como amostra do universo semântico radiofônico: a menina, a balconista, o motorista de táxi, o rapaz da loja, o bairro de Bangu (subúrbio do Rio de Janeiro). A música tem também, por isso, a intenção de estabelecer um jogo de contrários. Musicalmente, ela é um híbrido de funk – talvez uma das primeiras que eu tenha trabalhado com a nítida intenção de me utilizar do gênero – com algo nordestino; ela remete para um desses gêneros aforrozados.[117]

"JECA TOTAL"

Metaforicamente, o brasileiro aparece como inspiração na quinta faixa de *Refazenda*, "Jeca Total". Um dia, o poeta baiano Jorge Salomão – irmão de Waly Salomão – chegou na casa de Caetano Veloso e todos estavam assistindo à novela *Gabriela* na televisão, à cena em que a personagem principal, vivida pela atriz Sônia Braga, subia no telhado e os homens ficavam apreciando suas pernas lá de baixo. Era o ano de 1975 e a adaptação da obra de Jorge Amado era um sucesso entre os brasileiros, e instigava os baianos, que viam uma história de seu conterrâneo contada através do gênero mais popular no Brasil. Jorge na hora exclamou: "O Brasil é jeca total mesmo". Caetano adorou e narrou a cena

---

117 *Ibidem.*

ocorrida para Gil, que poucos dias depois mostrou ao poeta sua nova composição, durante um novo encontro na casa de Caetano.

O nome de Jorge entrou no final da letra da canção: "Jeca Total deve ser Jeca Tatu Jorge Salomão". Mas, antes de chegar a esse trecho, Gil faz uma relação desse Jeca Total com o Jeca Tatu de Monteiro Lobato (1882-1948), escritor paulista que, em *Urupês* (1918), criou o personagem do caipira abandonado pelo poder público à própria sorte, aos atrasos econômico e educacional, à fome. No entanto, na canção, o Jeca Total é como se fosse um Jeca Tatu recuperado: "Jeca Total deve ser Jeca Tatu / Presente, passado / Representante da gente no Senado / Em plena sessão / Defendendo um projeto / Que eleva o teto / Salarial no sertão".

Segundo Gil, o próprio Jorge Salomão seria um exemplo de Jeca Total:

> Menino do interior da Bahia, levado pelo impulso de uma geração, ele parte, como o irmão, Waly, de Jequié pra Salvador, de Salvador pro Rio e daí pra Nova York, tornando-se como realizador um artista no plano do *low profile*, não uma celebridade, mas de todo modo um modelo nítido de emancipação própria.
>
> [...]
>
> O fato de que a obra de Jorge Amado tinha antecedido ao período televisivo e agora estava na televisão (era a época da novela *Gabriela*) me fez pensar nas interseções entre os mundos rural e urbano – muito presentes em seus livros – e no encaminhamento evolutivo dos vários Brasis no sentido campo-cidade, vindo daí a ideia de traçar um risco do Jeca Tatu a um personagem ligado já a um tempo de mudanças técnicas e socioculturais recentes no país, que seria o Jeca Total. A canção é uma metáfora da, ainda que penosa e minimamente

processada, emancipação do homem do povo no Brasil, dentro do grande ciclo histórico da politização das massas [primeira estrofe], simbolizada num ente idealizado em lugar da imagem depreciativa do brasileiro inviável, paupérrimo, esfarrapado, descalço e cheio de verme [segunda e terceira estrofes], não sem um contraponto que põe em dúvida o desejo cumulativo contido na própria ideia progressista de avanço [última].[118]

Inspirada por uma novela, "Jeca Total" acabou em outra novela: em 1976, a canção entrou para a trilha sonora de *Saramandaia*, escrita por Dias Gomes (1922-99), outro baiano que despontou entre os anos 1960 e 1970 na rádio e, depois, na televisão.

"Ê, POVO, Ê"

Duas faixas depois, ocupando o sétimo lugar na lista de repertório (primeira do lado B), mais uma música tem o brasileiro como tema. Só que, agora, ressaltando a alegria e a esperança. Há pouco registro de como se deu a composição da faixa, mas Gilberto Gil confirma o desejo de celebrar o afeto. "Ê, povo, ê" é uma exaltação ao bom humor, costuma dizer Gil: "Tanto faz se está frio, tanto faz se está calor... Essa música é sobre estar bem e feliz". "Viver / É simplesmente um grande balão / Voar / Pro céu azul é a missão", canta ele de peito aberto. A mistura de rock com baião destaca a sanfona de Dominguinhos dialogando com a bateria e com a flauta, que acompanha a voz de Gil.

---

[118] Carlos Rennó (org.), *Gilberto Gil: todas as letras*, op. cit., p. 201.

"TENHO SEDE"

Única faixa que não é uma composição de Gilberto Gil no repertório, a segunda do álbum, "Tenho sede" é praticamente uma reinvenção que o baiano fez da carreira de dois pernambucanos. "Tenho sede" catapultou de vez o nome de Dominguinhos e Anastácia, que já tinham visto sua sorte mudar com a gravação de "Eu só quero um xodó". "'Eu só quero um xodó' foi gravada por Marinês em forma de arrasta-pé, mas o Gil deu uma roupagem tão rica que ele deu um outro significado à música. E tocou em todas as rádios. Eu mudava a emissora e lá estava Gil cantando. Falei: 'Fizemos um sucesso!'. Ela ficou por 36 semanas nas paradas de sucesso. Ela foi parar em alguns comerciais de TV e lançaram até um carro chamado Xodó. Se não fosse Gil, o caminho teria sido mais difícil, mais longo"[119], conta Anastácia.

Para Anastácia, o segredo do sucesso tanto de "Eu só quero um xodó" quanto de "Tenho sede" é a temática voltada para o amor e para a saudade da terra:

> Quando a música nordestina começou a ser propagada por Jackson do Pandeiro e por Luiz Gonzaga, falava-se muito em briga, em agressão, em peixeira, na ignorância do nordestino. Eu nunca gostei desse negócio. Quando comecei a compor, pensei em falar das coisas boas do Nordeste: da alegria do povo, das belezas naturais, da religiosidade, dessa fé que as pessoas têm e da saudade que a gente sente da nossa terra natal. Como morava em São Paulo, eu tentei urbanizar com uma roupagem poética diferente.[120]

---

119 Entrevista à autora em março de 2018.
120 *Idem.*

Uma das quase trezentas parcerias assinadas por Anastácia e Dominguinhos, a preferida de Sérgio Cabral em *Refazenda*, foi gravada no mesmo 1975 por Dominguinhos para o álbum de forró *Tá bom demais*: a leitura dançante com um coro feminino vem logo em seguida de "São João na roça" (Luiz Gonzaga/José Dantas) em um *pot-pourri*. No mesmo ano, o grupo vocal Golden Boys também registrou "Tenho sede" em mais um de seus LPs homônimos, em uma leitura mais lenta e carregada de sentimento. Anastácia só iria regravá-la para o disco *Você é meu xamego*, em 1978, ano em que seu relacionamento com Dominguinhos chegou ao fim depois de 12 anos frutíferos para a música brasileira. Em 1985, apareceu uma releitura inusitada da canção e que pode ter a ver com Gil: "Tenho sede" surgiu, cantada em português pelas cantoras Yvonne Elliman e Marcy Levy, em meio a *bootlegs* que sobraram das sessões das gravações do álbum *No Reason to Cry*, lançado por ninguém menos que Eric Clapton em 1976.

O pesquisador Gustavo Alonso especula, em seu programa no YouTube, *ABC do Forró*[121], que, através de seu empresário da época, o Deus da Guitarra foi parar naquela festa já citada, na casa do então presidente da Philips, André Midani, e, lá, pode ter visto Gilberto Gil tocando "Tenho sede". Durante a *jam session* que acabou como um show de improviso de Gil e Jorge Ben – que dali foram para o estúdio para gravar o álbum *Gil & Jorge: Ogum Xangô* –, possivelmente o baiano apresentou a canção de Anastácia e Dominguinhos; afinal, ele já vinha trabalhando no repertório de *Refazenda*. Clapton nunca lançou sua versão oficialmente.

---

[121] "Eric Clapton tem sede de forró!", YouTube, *ABC do Forró*, episódio 27, disponível em: <https://youtu.be/YL1orlFBl5U>, acesso em: set. 2022.

"LAMENTO SERTANEJO"

Além dessa única música que não leva a assinatura de Gil, *Refazenda* tem duas feitas por ele com parceiros. Décima do disco (quarta do lado 2), "Lamento sertanejo" é uma delas, e veio a reboque de "Tenho sede", com Gil colocando letra na melodia de Dominguinhos quando os dois já tinham criado intimidade durante a turnê de *Índia*, de Gal Costa, e a viagem para o Midem. Gil estava empolgado com o encontro com o acordeonista pernambucano, inspirado por suas raízes – que o levavam diretamente às dele próprio – e doido para voltar da Europa para gravar "Eu só quero um xodó". Assim que voltaram, Gil investiu na parceria de Dominguinhos e Anastácia e se animou com a novidade apresentada por Dominguinhos: um lamento, uma toada lenta, com andamento arrastado que lhe deu um certo tom de entristecimento para o qual o acordeonista pediu uma letra.

A faixa já havia sido gravada pelo Quinteto Violado sob o nome de "Forró de Dominguinhos", numa versão instrumental, para o álbum *Berra boi* (1973), e pelo próprio acordeonista, já como o xote "Lamento sertanejo", no álbum *Tudo azul* (1973), também em uma versão instrumental e acelerada. Em Gil, ela já chegou se chamando "Lamento sertanejo", mas pedindo uma letra que acompanhasse o ritmo lento e choroso. Essa também é uma canção que tem o brasileiro como inspiração, o que habita o Brasil profundo que Gil conhecia um pouco, dos tempos de sua infância e de suas andanças em turnês, e que viria a conhecer ainda mais quando se tornou ministro da Cultura do Brasil, nos anos 2000.

"Lamento sertanejo" fala sobre o retirante e a saudade que ele sente de casa. E, como diz Gil em *Todas as letras*, "um pouco sobre as várias regiões do sertão, do cerrado, da caatinga, que formam o panorama das diversidades regionais dos vários sertões brasileiros":

> Essa canção possui o traço da minha identificação pessoal com o retirante, eu mesmo tendo sido um pouco retirante, um semirretirante. Quando, a cada verão, eu vinha lá do sertão para Salvador, eu vivenciava o que os retirantes vivenciavam e que passaram a vivenciar mais intensamente nos primeiros anos da década de 1950, quando se intensificam as suas caravanas: aquela coisa de vir da cidadezinha pequena do interior para a capital e tomar o susto com a cidade grande; de passar pela estrada empoeirada, pela paisagem das caatingas, dos lajedos, das pedras, dos arbustos e dos cactos, esse mundo que eu vivenciei durante a infância e que seria uma ponte de identificação minha com os retirantes. Quando ouvia as narrativas do drama das viagens, eu sabia do que é que se tratava aquilo, eu tinha vivido aquilo em pequenas doses, sabia do seu significado, da saudade que batia da terra natal já durante a viagem, dos sofrimentos; via muitos tropeiros que iam buscar mercadoria nos lugares distantes; os viajantes que se empoleiravam nos caminhões, dormindo nas camas de redes armadas embaixo das carrocerias. Tudo isso eram paisagens próximas e cenários de vivências minhas e de pessoas muito próximas. No sertão, pobres e ricos, todos nós andávamos em caminhões e caminhonetes, ninguém tinha carro; todos viajavam naqueles coletivos típicos dos paus-de-arara.[122]

---

[122] Carlos Rennó (org.), *Gilberto Gil: todas as letras*, op. cit., p. 164.

"O ROUXINOL"

Nona faixa (terceira do lado B), "O rouxinol" é também uma parceria de Gil, com Jorge Mautner. Amigo de Gil desde os tempos do exílio – o escritor, compositor e cantor carioca morou nos Estados Unidos, mas foi a Londres para conhecer os baianos –, Mautner havia colocado letra em três faixas do álbum de Gil de 1971, só com canções em inglês: "Three Mushrooms", "Babylon" e "Crazy Pop Rock". A primeira parceria em português aconteceu depois que voltaram do exílio, como lembra o próprio Jorge Mautner:

> Essa música já foi composta no Brasil. Eu escrevi primeiro a letra e, depois, Gil botou a música. "O rouxinol" é um símbolo permanente da alegria, da ressurreição, do mistério. Porque o rouxinol canta. Tudo se deu na Bahia, em nossas longas conversas na Bahia.[123]

No maior estilo "justaposição de *nonsenses*", a letra fala de um rouxinol que agarra um anzol de pesca ("Joguei no céu o meu anzol / Pra pescar o Sol"), fala ("Cantando um rock com um toque diferente / Dizendo que era um rock do Oriente pra mim") e ainda exala cheiro de flor ("Pássaro de seda / Cheirando a jasmim"). Vinda das sessões anteriores, a canção fica entre o rock e o blues à base do violão Ovation tocado por Fredera mais a guitarra de Gil. Antes de ir para *Refazenda*, Gil gravou duas versões ao vivo em 1974, no Teatro Tuca, em São Paulo, que só vieram a público em 1999, como *single* bônus da caixa *Ensaio geral*.

Em 1979, a faixa ganhou uma versão em inglês e deu nome ao álbum *Nightingale*, produzido por Sérgio Mendes nos Estados Unidos. A nova canção

---

[123] Entrevista realizada em maio de 2020.

já não fala mais do anzol: "I saw a comet in the sky / Caught it by the tail / When I held it in my hand / It was a nightingale" ("Eu vi um cometa no céu / Peguei-o pela cauda / Quando eu o segurei na minha mão / Era um rouxinol"). Não há cheiro de jasmim e o falar, nessa versão, é metafórico: "One day at daybreak / He said good-bye / He flew up and he was like / A comet in the sky" ("Um dia ao amanhecer / Ele disse adeus / Ele voou e ficou tipo / Um cometa no céu").

"RETIROS ESPIRITUAIS"

"Retiros espirituais" é a oitava faixa do álbum (segunda do lado B) e, como diz Gil, trata-se de "um poema musicado"[124]. Uma balada quase choro com arranjo de cordas sofisticado, em que a guitarra dialoga com o canto, ela leva Gilberto Gil de volta ao tempo em que se encantou com os expoentes do rock brasileiro: "Retirar tudo que eu disse / Reticenciar que eu juro / Censurar ninguém se atreve / É tão bom sonhar contigo, ó / Luar tão cândido", canta ele, fazendo referência a "Banho de lua", o estrondoso sucesso de Celly Campello em 1960.

> "Retiros espirituais" lança um olhar singelo, simplório, sobre a questão filosófica do ser e não ser; sobre o paradoxo do princípio da incerteza, do que é e não é. É uma das minhas músicas sobre o *wu wei*, a ação-não-ação, a ideia de superação e alcance do ser, onde tudo é; sobre o fato de que o pensamento consciente, sob a égide da volição, ainda é o que se chamaria o estágio zen, o *satori*, o *samadhi*, o *sat ananda* indiano, onde arqueiro, arco e alvo

---
[124] Carlos Rennó (org.), *Gilberto Gil: todas as letras, op. cit.*, p. 203.

se confundem e sujeito, ato e objeto são uma só coisa.[125]

Gil conta que estava na sala de jantar em plena madrugada, sozinho, enquanto a família toda dormia, quando começou a buscar "através da escrita, numa espécie de poema-espírito, poema-situação, o que era estar ali diante do mistério da solidão, na meditação, no compartilhar do silêncio que substituía o ruído da vida, da casa, na madrugada, com a sua capacidade de assepsia, de filtragem do que tinha sido o dia"[126]. Ela acabou se tornando uma de suas composições preferidas por colocar para fora uma subjetividade que vinha de dentro, apresentando "o movimento de tese-antítese-síntese de que gosto muito":

> Talvez seja a minha obra-prima nesse sentido, porque a mais engenhosa do ponto de vista poemático; uma letra que transcende ao aspecto comum da letra de música, na verdade um poema musicado. No trato da sua criação, os versos não serviram apenas para preencher os vazios das caixas das frases sonoras. Quando eu sentei para escrever, eu já escrevi com o sentimento do poema, como se já houvesse algo sendo dito e o frasear fosse apenas uma explicação do que estava sendo dito. Como uma nuvem que fosse um poema cujos versos fossem a chuva: a chuva é depois da nuvem, dissolução em gotas, fragmentação do "denso-condenso" que é a nuvem: assim eram os versos em relação ao poema e vice-versa.[127]

---

125 *Ibidem*, pp. 202-3.
126 *Ibidem*, p. 203.
127 *Ibidem*.

"MEDITAÇÃO"

Décima primeira (quinta do lado B), "Meditação" fecha o álbum. O repertório de *Refazenda* já estava praticamente finalizado quando ele decidiu compô-la como uma ferramenta para fixar no álbum a introspecção e a ideia reflexiva que ele queria para o novo trabalho. "'Meditação' é uma busca dos extratos rarefeitos do pensar e do sentir, do olhar sobre o sujeito e o objeto, sobre o si e o em si, e sobre o ser. A letra resultou de horas e horas de dias e dias de meditação sobre a música"[128], analisa ele sobre a menor faixa do álbum – ela tem apenas um minuto e 45 segundos –, porém a mais profunda – que levou dias com Gil andando pela casa sem escrever nada, mas se esvaziando de sentidos para permitir a entrada de sentimentos. Saiu numa noite em que, enquanto a família dormia, ele tomou um chá e sentou na posição de lótus.

> Havia um compromisso com os espaços das frases sonoras: eu não podia escrever o que quisesse (para construir a letra de uma música que já está feita, a gente já parte com esse dado limitador – não no sentido qualitativo, de expressão, mas no quantitativo). Por isso eu precisava de instrumentos muito precisos que me levassem aos lugares onde as palavras estivessem; de anzóis muitos afiados e linhas de comprimento muito bem medido para poder fazer a pescaria das palavras que expressariam numa suma o que eu sentia. E precisava da confirmação temporal do significado da meditação – de que ela trouxesse para o sujeito, que era eu, a sensação que a palavra meditação traz, de escorrer no tempo...[129]

---

128 *Ibidem.*
129 *Ibidem*, pp. 203-4.

Medita-canção resolvida, Gil dormiu em paz depois de compor a primeira parte da música. No dia seguinte, ao pegar o violão para treiná-la, percebeu que faltava a segunda parte. Por um breve momento, achou que passaria mais dias andando pela casa, mas acabou tendo a inspiração naquela mesma noite, "já estimulado pelas ideias da primeira estrofe": "Dentro de si mesmo / Mesmo que lá fora", dizem os primeiros versos; "Tudo de si mesmo / Mesmo que pra nada", canta na segunda parte. "Uma canção sobre meditação que é uma canção que é uma meditação, uma canção-meditação, fruto de um processo de meditação e realizada em estado de meditação"[130]. Definitivamente, trata-se da mímesis do que se vê na capa de *Refazenda*.

REFAZENDO A *REFAZENDA*

Para comprovar sua condição zen, na edição 1.226 da revista *Manchete*, de 1975, Gilberto Gil diz que jogou I Ching para si mesmo no dia da entrevista: "E ele [o I Ching] me disse: 'Fique quieto. No momento, não fazer nada é melhor do que sair fazendo alguma coisa'". A reportagem contradiz, e acaba catapultando historicamente a precariedade das condições oferecidas ao artista pela estrutura que o cercava:

> Apesar disso, seu show *Refazenda* – de onde sai o LP – faz com que ele se mexa, levando-o a um circuito de 46 cidades do interior do Brasil. Gilberto Gil pretende ficar "comendo refogadinho com chicória, batendo papo de interior, vendo a parede cascuda do cinema, a cadeira quebrada,

---

[130] *Ibidem*, p. 203.

a condição pobre, a pia sem torneira, a torneira sem água e o palco sem espaço".[131]

Aos 33 anos, Gil recomeçava resgatando suas raízes e replanejando seu reposicionamento no mercado.

---

131 Tânia Carvalho, "7 anos depois: tropicália, cada um na sua", *Manchete*, n. 1.226, 18 out. 1975, p. 78.

REVISITA
E O QUE VEIO DEPOIS

SAIBA QUE NA REFAZENDA

Refazenda reúne onze faixas que são o resultado mais puro e sensível de toda essa mistura de vivências que Gilberto Gil teve ao longo de seus 12 anos de carreira discográfica – desde que lançou o primeiro compacto pela JS Discos – e dez anos nos palcos – e o primeiro show individual no Teatro Vila Velha. No segundo semestre de 1975, quando o disco chegou às lojas e o show de lançamento ganhou as páginas dos jornais, ele tinha 33 anos. Passado o retorno de Saturno, sem neuras (livre até da Banda Neura) e com maturidade, Gil ressuscitava aquela alma que seu corpo carregava nos tempos de Ituaçu para uma nova fase de sua vida profissional.

Esse novo processo, quatro anos depois – com o fechamento da trilogia de quatro discos "Re" – teria consequências também em sua vida pessoal. Até com a dor pela perda do filho Pedro Gil, baterista que já o acompanhava nos shows e morreu em um acidente automobilístico em 25 de janeiro de 1990, ele soube lidar sem se perder. Em 1979, Gil havia se separado de Sandra para se jogar em um novo casamento, que teria papel assinado em 10 de junho de 1988, com Flora Nair Giordano Gil Moreira, mãe de seus últimos três filhos: Bem Giordano Gil Moreira, nascido em 13 de janeiro de 1985; Isabela Giordano Gil Moreira, de 3 de janeiro de 1988; e José Gil Giordano Gil Moreira, de 27 de agosto de 1991.

Geminiana, Flora se tornou o seu pilar emocional mais forte, foi a mulher que ficou mais tempo a seu lado, tornando-se inclusive sua empresária a partir de 1988. Quando eles se casaram, Guilherme Araújo era o responsável por sua agenda de shows e Tia Lea – a tia de Sandra Gadelha que Jorge Ben Jor cita na música "W/Brasil" – cuidava das finanças. Gil vivia da renda dos shows e alguma coisa de direitos autorais. Com Lea, Flora foi aprendendo como funcionavam escritório de arrecadação, editora, formando-se sem diploma em administração de carreira musical. Em 1984, Daniel Rodrigues assumiu o lugar de Guilherme Araújo, e Flora passou a trabalhar com o novo empresário, dando um tempo quando Bem nasceu e voltando em 1986. Dois anos depois, Daniel mudou seu rumo e Flora assumiu sozinha o empresariamento do marido.

Esse foi o embrião da Gege Produções, ou melhor, da Gege gravadora, editora, produções e eventos, do selo Geleia Geral, da Xirê Eventos – que cuida de outros artistas – e da Jangada, que é uma agência virtual que Flora tem em sociedade com Marina Mattoso. Isso para falar das empresas em funcionamento. Foi também embrião do Expresso 2222, camarote de Carnaval que começou em 1999, em Salvador, e encerrou suas atividades em 2020, antes de a pandemia de coronavírus começar, e da extinta Refazenda, agência criada pelo designer André Valias, pioneira na criação de *sites* de artistas no Brasil.

Se Gil sempre foi agregador, Flora compra todas as suas ideias nesse sentido. Não à toa, a família quase toda vem trabalhando junta: Maria trabalhou com Gil na época do Ministério da Cultura e depois migrou para a Gege; Marília trabalhou no Expresso 2222; Nara é *backing vocal* na banda do pai; Bem e José tocam com ele; Preta tem sua carreira como cantora, mas sempre participa dos projetos de Gil; Bela é nutricionista e tem seu próprio negócio, mas sua filha Flor Gil Demasi já grava com o avô; os netos também já seguem o caminho, alguns deles formando os Gilsons e Francisco abrindo um caminho solo como Fran.

No universo político, Gil entrou e saiu como um monge: em 1987, tornou-se presidente da Fundação Gregório de Mattos, responsável pela administração de espaços culturais soteropolitanos; em 1988, elegeu-se vereador na capital baiana com o maior número de votos entre seus pares locais; em 1995, integrou o conselho do Comunidade Solidária, projeto social do governo do então presidente Fernando Henrique Cardoso, mas em 1998, após a reeleição do presidente FHC, negou o convite para ministro do Meio Ambiente; em 2002, assumiu o Ministério da Cultura durante o primeiro mandato do presidente Luiz Inácio Lula da Silva; em 2006, aceitou seguir ministro após a reeleição de Lula, mas pediu para sair em 2008, já que a função o obrigava a reduzir seus projetos musicais.

Os mais progressistas concordam que Gil foi o melhor ministro da Cultura que o Brasil já teve, pois foi o único a adentrar o chamado "Brasil profundo", ou seja, os interiores, para poder pensar projetos mais democráticos e menos seletivos para as manifestações diversas que permeiam o país.

REFAZENDA TODA

A fala mansa, a calma e o bom humor que ele conquistou, ou melhor, construiu naqueles tempos pré-*Refazenda* se mantiveram como sua marca até os dias atuais. E as preocupações com a cultura e o meio ambiente seguem sendo pauta em sua vida. Não à toa, em meio à pandemia do coronavírus, tornou-se em 2021 imortal da Academia Brasileira de Letras, preparando-se para finalmente, em 8 de abril de 2022, vestir o fardão usado de forma irônica na capa de seu álbum de 1968. Em votação fechada realizada em 11 de novembro, o cantor e compositor recebeu 21 votos e ocupou a cadeira de número 20 da ABL, sendo o segundo negro a ter uma vaga na academia. Impávido, no exato momento em que recebeu a notícia da vitória, ele disse a Lília Teles, repórter da TV Globo, primeira a entrevistá-lo após a votação:

> Esses lauréis, esses reconhecimentos de mérito, premiações, no caso da academia, são sempre recursos que a vida nos dá para contornar a inexorabilidade da morte. A ideia do imortal acadêmico é exatamente um drible que a vida tenta dar nessa coisa de que somos imortais, sim. Imortalmente imortais.

Em seguida, a Cleber Rodrigues, da GloboNews, falou: "É como estar vivo e acumulando na vida os resultantes e resultados daquilo que você é, daquilo que você faz, da maneira como você se insere na vida do seu povo, do seu grupo, da sua sociedade"[132].

No mesmo ano, Gil aceitou o convite do Instituto Terra para compor uma canção intitulada "Refloresta", o que o fez entrar no Tik Tok para reforçar

---

132 Ambas as entrevistas foram acompanhadas pela autora.

o lançamento propondo ações como: vídeos criados com a música na plataforma se transformariam em árvores plantadas. Criado em 1998 por Lélia Wanick Salgado e Sebastião Salgado, o Instituto Terra lançou a campanha Refloresta com o objetivo de ressaltar a importância da recuperação das florestas, e Gil foi convidado justamente por seu trabalho no *Refazenda*: "Refloresta" foi composta para se somar à aclamada trilogia "Re".

Além de protagonizar um videoclipe, o músico registrou a canção acompanhado dos músicos e parentes, seus filhos Bem Gil (guitarra e sintetizador) e José Gil (bateria, percussão e samples), e seus netos Francisco Gil (guitarra e voz) e João Gil (baixo e cavaquinho). Fora Bem, os outros formam o grupo Os Gilsons, dando continuidade ao trabalho do patriarca da família Gil.

Ainda na pegada ambiental, em 2021, foi convidado por Carlos Rennó – compositor, produtor e parceiro de Gil em "Átimo de pó", composta em 1995 e incluída no repertório do álbum *Quanta* (1997) – para participar do clipe de "Canção pra Amazônia" ao lado de vários grandes nomes da MPB. A faixa é uma parceria de Rennó com Nando Reis e o vídeo foi feito para uma campanha do Greenpeace.

ABACATEIRO

E por falar em legado, foram muitas as regravações das faixas de *Refazenda* ao longo da história da música brasileira. Além das já citadas no capítulo anterior, a obra mais completa saiu em 2021, no álbum *Refazendo*, inteiramente dedicado ao disco antológico de Gilberto Gil. Nele, o compositor, violonista e guitarrista Fernando Caneca dividiu a produção com JR Tostoi e criou novos arranjos para as canções, incluindo no repertório até "Rato miúdo", a faixa proibida pela Censura Federal. Entre os convidados estão Lenine, Mart'nália, Roberta Sá, Pedro Luís, Paulinho Moska, emprestando suas vozes para os clássicos. Há também versões instrumentais com músicos como o flautista Carlos Malta, o bandolinista Luís Barcelos, o violoncelista Federico Puppi, além do guitarrista Davi Moraes e do baixista Arthur Maia – que fez parte da banda de Gil por aproximadamente trinta anos (até sua morte, em 2018) –, esses dois brincando com linhas vocais também.

Antes disso, houve leituras e releituras diversas desde os anos 1970. Sem dúvida, a mais regravada foi "Lamento sertanejo", que acumula mais de sessenta registros em buscas pelo YouTube, Spotify e Instituto Memória Musical Brasileira (IMMuB). A maioria foi destinada a álbuns de forró, tendo o próprio Dominguinhos deixado a parceria com Gil em seu legado e a mestra Marinês assumindo uma versão com participação de Ney Matogrosso. Para além do mundo do forró, também há versões inusitadas, como a da banda Paralamas do Sucesso, da cantora Fernanda Abreu e do Padre Fábio de Melo, além das instrumentais do guitarrista Armandinho Macêdo (essa em um *mashup* com "Cajuína", de Caetano Veloso) e do violinista Nicolas Krassik com a saxofonista Daniela Spielmann.

A gravação de Elba Ramalho fez parte da trilha sonora da novela *Gabriela*, em 2012, e a de Zé Ramalho leva o intérprete a seu lugar de origem: o sertão da Paraíba. O próprio Gil cantou e gravou "Lamento sertanejo" algumas vezes, uma delas é mais antiga do que a do LP *Refazenda*: a já citada que foi gravada em violão e voz no Teatro Vila Velha de Salvador, em janeiro de 1974, e incluída no CD *Viramundo*, em 1998.

Se fosse um *ranking*, "Refazenda" viria em segundo lugar, depois de "Lamento sertanejo", com aproximadamente vinte registros espalhados pelas plataformas. De Trio Nordestino a Os Paralamas do Sucesso, passando por Emílio Santiago, Tetê Espíndola e Quarteto em Cy, foram diversas as vozes que acataram o ato de Gil. O cantor e compositor Djavan se uniu à atriz Letícia Sabatella para gravar "Refazenda" para o CD *Ação e Cidadania 25 anos*, da ONG fundada pelo sociólogo Herbert de Souza, o Betinho, que teve renda revertida para a Campanha Natal Sem Fome 2018.

Margareth Menezes a incluiu no repertório de sua homenagem aos conterrâneos no show que virou o disco *Para Gil e Caetano*, enquanto Mart'nália aceitou o convite do DJ Marcelinho da Lua para cantar por cima de um arranjo eletrônico e dançante. O videoclipe da gravação da banda pernambucana Nação Zumbi traz imagens de Gil nos anos 1970. Mais recentemente, certamente uma das que mais emocionaram o autor foi a leitura em que ele divide o microfone com sua neta Flor Gil.

"Ela" também tem um leque grande de fãs e chamou a atenção de sambistas. Entre os quase dez registros encontrados estão um do Sambalivre e um de Os Originais do Samba. O forrozeiro Oswaldinho do Acordeon também aderiu à canção convidando a cantora Veridiana para assumir o vocal. O próprio Gil voltou a gravar a faixa acompanhado de Gal Costa e Nando Reis no projeto Trinca de Ases, que teve uma turnê em 2017 que virou álbum homônimo em 2018.

Com "Ela" empata "Pai e mãe", uma faixa também cheia de registros. Fafá de Belém, Emílio Santiago, Ney Matogrosso são alguns nomes da MPB que também levantaram a bandeira da liberdade. "O rouxinol", "Essa é pra tocar no rádio", "Ê, povo, ê" e "Jeca Total" não têm registros que tenham se popularizado ou tido alguma projeção. No entanto, "Retiros espirituais" ganhou uma sensível releitura de Flávio Venturini e "Meditação" cumpriu sua função na voz de Zizi Possi[133].

Refazenda é a síntese de todas as experiências de Gil, com uma forte tendência ao reencontro com sua biografia, uma espécie de autobiografia musicada do que vivera até 1975. Cantor, compositor, exímio violonista e guitarrista experimental, além de ótimo administrador de suas ideias, de suas ações e de seus próprios corpo e alma. Gil carregou a experiência de *Refazenda* para o que faria depois, tanto em discos quanto em turnês. Nas estradas que viria a percorrer, nas mais de setecentas obras musicais registradas[134], nas parcerias com filhos e netos, Gilberto Gil refaz, retoma, recua, reforma, restaura, reconstitui, reencontra-se e se renova sem o objetivo, mas naturalmente se tornando a maior representação do músico brasileiro.

---

133 Dados retirados do portal Instituto Memória Musical Brasileira (IMMuB) e de pesquisas no YouTube.

134 Segundo dados do Escritório Central de Arrecadação e Distribuição (Ecad), ele é um dos que mais tem canções entre os artistas da música popular brasileira, ganhando até de Roberto Carlos e Caetano Veloso.

Ficha técnica do disco

Músicos
Violão e phase guitar: Gilberto Gil
Acordeom: Dominguinhos
Contrabaixo: Moacyr Albuquerque
Bateria: Chiquinho Azevedo
Violão na faixa "O rouxinol": Frederiko (Fredera)
Percussão: Hermes e Ariovaldo
Cordas: Phonogram
Flautas: Jorginho, Celso e Geraldo
Trombones: Maciel e Bogado
Pistons: Formiga, Barreto e Niltinho
Bombardino: Luiz Paulo na faixa "Jeca Total"

– Na faixa "Essa é pra tocar no rádio"
Bateria: Tuti Moreno (Tutty Moreno); piano elétrico: Aloisio Milanes (Aloisio Milanez); baixo: Rubão Sabino; percussão: Chiquinho Azevedo; acordeom: Dominguinhos

– Na faixa "Pai e mãe"
Cavaquinho: Canhoto; violão de sete cordas: Dino; flauta: Altamiro Carrilho

Obs.: Entre parênteses, a correção dos nomes que estampam o encarte do LP.

LP

Lado A

1.	Ela	Gilberto Gil	3:00 / 2:55
2.	Tenho sede	Anastácia, Dominguinhos	3:40 / 3:48
3.	Refazenda	Gilberto Gil	3:00 / 3:10
4.	Pai e mãe	Gilberto Gil	3:48 / 3:54
5.	Jeca Total	Gilberto Gil	2:40 / 2:55
6.	Essa é pra tocar no rádio	Gilberto Gil	3:00 / 3:05

Lado B

1.	Ê, povo, ê	Gilberto Gil	4:05 / 4:13
2.	Retiros espirituais	Gilberto Gil	4:47 / 4:51
3.	O rouxinol	Gilberto Gil, Jorge Mautner	2:33 / 2:40
4.	Lamento sertanejo	Dominguinhos, Gilberto Gil	4:10 / 4:22
5.	Meditação	Gilberto Gil	1:45 / 1:52

Obs.: O primeiro tempo é o que está no encarte do LP original; o segundo é o que se encontra nas plataformas digitais.

Ficha técnica
Gravadora: Philips
Direção de produção: Mazola (Marco Mazzola)
Coordenação musical e arranjos de orquestra: Perinho Albuquerque
Arranjos de base: Gilberto Gil
Técnicos de gravação: Luigi, João Moreira e Luiz Cláudio
Assistentes: Paulo Sérgio e José Guilherme
Mixagem: Mazola
Fotos: João Castrioto
Capa: Aldo Luiz
Marca de Refazenda: Rogério Duarte

Obs.: O áudio que se ouve hoje nas plataformas digitais foi remasterizado por Ricardo Garcia no Magic Master, Rio de Janeiro, maio de 2002, sob supervisão do produtor e pesquisador musical Marcelo Fróes.

BIBLIOGRAFIA

BARCINSKI, André. *Pavões misteriosos – 1974- -1983: a explosão da música pop no Brasil.* São Paulo: Três Estrelas, 2014.

CALADO, Carlos. *A divina comédia dos Mutantes.* São Paulo: Editora 34, 1995.

_____. *Tropicália: a história de uma revolução musical.* São Paulo: Editora 34, 1997.

FRÓES, Marcelo. *Jovem Guarda: em ritmo de aventura.* São Paulo: Editora 34, 2000.

FUSCALDO, Chris. *Discobiografia mutante: álbuns que revolucionaram a música brasileira.* Rio de Janeiro: Garota FM Books, 2018.

GIL, Gilberto. *Encontros.* Rio de Janeiro: Beco do Azougue, 2007.

_____; ZAPPA, Regina. *Gilberto bem de perto.* Rio de Janeiro: Nova Fronteira, 2013.

LEE, Rita. *Uma autobiografia.* São Paulo: Globo Livros, 2016.

RENNÓ, Carlos (org.). *Gilberto Gil: todas as letras.* Ed. rev. e ampl. São Paulo: Companhia das Letras, 2003.

INTERNET

GOOGLE ARTS & CULTURE. O Ritmo de Gil. Colab. Instituto Gilberto Gil. Disponível em: <https://artsandculture.google.com/project/gilberto-gil>. Acesso em: set. 2022.

SOBRE A AUTORA

Jornalista, pesquisadora musical, mestra e doutora em Literatura, Cultura e Contemporaneidade, Chris Fuscaldo é autora dos livros *Discobiografia legionária* (LeYa, 2016), *Discobiografia mutante: álbuns que revolucionaram a música brasileira* (Garota FM Books, 2018), *Viver é melhor que sonhar: os últimos caminhos de Belchior* (Sonora, 2021 – com Marcelo Bortoloti) e *De tudo se faz canção: 50 anos do Clube da Esquina* (Garota FM Books, 2022 – com Márcio Borges). Membro da Academia Niteroiense de Letras, acompanhou Gilberto Gil de 2019 a 2022 e assinou a curadoria do museu O Ritmo de Gil, lançado no Google Arts & Culture.

Este livro também está disponível em formato ePub.
Saiba mais no site das Edições Sesc: <http://bit.ly/refazenda_>.

Fonte	*Sabon LT 10,5/12,5 pt*
	Fakt 14/20 pt
Papel	*Pólen natural 80 g/m²*
Impressão	*Colorsystem*
Data	*Dezembro 2023*